教師の学びを科学する
データから見える若手の育成と熟達のモデル

中原　淳　監修
脇本健弘・町支大祐　著

北大路書房

推薦のことば

　若手教師の育成をメンターチームにより進める。
著者たちの実証調査と研修の組織化が横浜の学校を変える。

　　　　　　　　　　　　　　　　　　白梅学園大学教授　無藤　隆

監修者より,本書の刊行によせて

　本書のきっかけになったのは,横浜市教育委員会と東京大学・中原淳研究室が 2011 年から 2013 年の 3 年間にわたって行った「教職員の育成に関する共同研究」です。

　この共同研究では,(1) 経験の浅い教員,初任教員の育成実態等を量的調査・ヒアリング等によって把握すること,さらには様々な調査を重ねながらデータを蓄積し,これらのデータをふまえたうえで教育委員会の担当者の方々と大学関係者が議論を尽くし,実際に (2) 各種の教員研修,フォーラムなどを実施することなどを目的としてきました。

　本試みは,実態調査をはじめとする「研究」と,研修やフォーラムの開発・デリバーという「実践」,その両者をあわせもち,循環を成すことを企図したアクションリサーチ的なプロジェクトでした。

　本書の最初のきっかけは,2010 年,確か冬の寒い日のことだったと記憶しています。

　当時,横浜市教育委員会のご担当者の方が,拙著『職場学習論』(東京大学出版会) をお読みになり,研究室を訪問してくださったことから始まります。当時,僕は「企業・組織における人材開発研究」がようやく軌道に乗り,いくつかの専門書を刊行しはじめていた時期でした。それは,僕が,学校教育関係の研究を離れ,しかし,すぐには企業・組織の領域に新たな研究の地盤を築くことができず,5 年弱の時間をへて,ようやく研究の礎を築き上げることができかけていた時期だったと記憶しています。

　教育委員会のご担当者の研究室訪問の理由は,『職場学習論』の内容を,横浜市の教員の方々に講演いただきたいということでした。

しかし、僕は、このオファーを心から嬉しく、かつ、ありがたく思いながらも、正直に、どうしようか戸惑っていました。

僕の逡巡は下記の3点から生まれます。第1に、当時の僕は、学校教育関係の研究を離れてしばらく時間がたっていたので、現場の教員の方々にただちにお役に立てるほどの知見をもち合わせてはいなかったこと。第2に、自分が身体化しつつあった企業調査の方法論や知見が、ただちに教員集団のそれに役立つとは思えなかったこと。最後に、また、1回限りの学者の講演で何かが変わるほど、現場は甘くないことを承知していたことなどからです。

アカデミズムの世界で流布する教師教育の理論や専門用語を振りかざして、現場を生きる人々に1回限りの講演をしたところで、現場の教員には「刺さらない」。特に、このことは、過去の研究生活で身にしみて思っていたことでした。

しかし、横浜市教育委員会の方々の熱心さと、またみずからがかつて教育現場の研究者であったこと、また僕自身が横浜市に住んでいた経験を思い出し、お役に立てることは為すべきではないかと思いました。そして、僕は、今から考えれば、不遜にも、教育委員会の皆様方に「逆提案」をさせていただいたのです。

僕の提案とは、学校という組織の「職場学習調査」――すなわち、学校の現状を把握する量的調査を行い、それらのデータから横浜市教育委員会と東京大学中原淳研究室でコラボレーションして、研修や講演をつくりませんか、ということです。

みずからが日々仕事をしている横浜市の教育現場のデータ、すなわち「他人事ではないデータ」を取得したうえで、それらの実態を研修などでお返しし、現場の先生方に内省を深め、さらには今後のアクションプランを策定してもらうことはできないでしょうか、とお願いをしました。企業の組織開発・組織変革でいうところの、いわゆる「サーベイフィードバック（survey feedback）」を、初等中等学校の現場でも実践してみませんか、というご提案になります。

それはたしかに工数が高く、労力はかかるけれども、おそらく学校現場では、あまり試みられていない。一方、企業において、それは効果が高いことはわかっ

ている。

　学校においても「自分事」として「オーナーシップ」をもちうる量的データ——しかし,研究のための研究に終わらないデータ——を取得して,実践してみませんか,とご提案をさせていただきました。

　この提案は,横浜市教育委員会の皆様方の議論と温かいサポートにより,幸い実現にいたりました。まずは,このことに心より感謝いたします。そして,横浜市教育委員会との強力なタッグのうえに,何とか3年間のプロジェクトを終えることができたことを心より嬉しく思います。

　このプロジェクトには,僕のほか,僕の元指導大学院学生である脇本さん,指導教員の勝野正章先生のご理解と御協力によって本プロジェクトに参加した教育学研究科の町支さんらの大学院学生（当時）にも,当初より,参加していただきました。

　役割分担としては,研究の総括と調査等の指導,さらには研修講師の役割を僕が行い,調査設計,分析,ヒアリングなどは,本書の著者である脇本さん,町支さんが行うことになりました。途中,同じ教育学研究科の讃井康智さんが加わることもありましたが,基本的には脇本さん,町支さんが研究の実を担当したということになります。

　このたび,両名が本書をまとめるにあたり,このような経緯から筆者は監修者の役割をお引き受けすることにいたしました。2人の執筆原稿を時折,拝読させてもらいながら,よりよい原稿となるよう助言・指導をしてきましたし,僕個人は第15章を執筆することとしました。

　両名の志ある研究者が初めて舵をとり,いわば「処女航海」となる本書が,横浜市を含むすべての教育現場の活性化に少しでも役立つとしたら,監修者,またプロジェクトの統括責任者として,非常に嬉しく思います。なお,本書の刊行にあたりましては,北大路書房の奥野浩之さん,安井理紗さんには大変お

世話になりました。この場をお借りして心より感謝をいたします。ありがとうございました。

　横浜市は，日本有数の大都市であり，また「課題先進地」です。ここで起こった経験の浅い教員の大量採用という問題は，今後，日本全国の中堅都市に広がっていくことも予想されます。

　本書が，この問題に関する多くの教育関係者の議論のきっかけになることを願います。

2015 年 3 月 27 日
陽光さしこむ本郷キャンパスの研究室にて

中原　淳

目次

監修者より，本書の刊行によせて　iv

第1章　教師をめぐる今日の状況 ── 社会背景　1
脇本健弘

- 1-1　これまでの日本の教師　1
- 1-2　教師の年齢構造の変化　2
- 1-3　教師の多忙化　4
- 1-4　子どもと保護者の変化　7
- 1-5　若手教師の状況　10
- 1-6　若手教師の育成　12
- 1-7　本書の位置づけと構成　13

第2章　これまでの教師研究 ── 本書の理論的位置づけ　15
脇本健弘・町支大祐

- 2-1　教師の学習　17
  - （1）教師の学習に関する研究／（2）教師の熟達に関する研究
- 2-2　教師のキャリアに関する研究　22
  - （1）教師の職業的社会化と職能発達に関する研究／（2）ライフサイクル研究・ライフコース研究
- 2-3　教師の人材育成　26
- 2-4　本書の位置づけと特徴　30

第3章　調査概要 ── 本書で用いるデータ　35
脇本健弘・町支大祐

- （1）教師効力感（授業，学級経営）　37
- （2）教師効力感（保護者）　37
- （3）教師効力感（校務分掌）【経験6年目教師調査】　38
- （4）キャリア意識　38
- （5）バーンアウト【経験6年目教師調査】　39
- （6）メンターチーム【経験6年目教師調査】　39
- （7）困難経験【経験6年目教師調査】　41
- （8）職場環境【経験6年目教師調査】　41
- （9）後輩との関わり【経験6年目教師調査】　42
- （10）経験学習【経験6年目教師調査】　42
- （11）組織社会化【経験3年目教師調査】　43

　　　　（12）社会化施策【経験3年目教師調査】　44
　　　　（13）職務満足【経験3年目教師調査】　45
　　　　（14）リーダー経験【経験6年目教師調査】　45

第4章　教師は経験からどのように学ぶのか
──教師の経験学習　47
脇本健弘

4-1　経験学習　48
4-2　ALACTモデル　50
4-3　経験学習モデルの実証　52
　　　（1）教師の能力向上と経験学習の影響過程／■分析結果／（2）経験学習の実施に影響を与える要因
4-4　まとめ　62

第5章　教師の成長を促す大学時代の経験
──大学からのトランジション　63
脇本健弘

5-1　近年の教員養成　63
5-2　大学生時代の学校現場での経験　65
5-3　成長を促す学校現場経験とは　71
　　　■分析結果
5-4　まとめ　76

第6章　学校への新規参入と適応 ── 組織社会化　79
町支大祐

6-1　教師の仕事の2つの側面　79
6-2　2つの社会化研究　81
6-3　これまでの教師の社会化研究　84
6-4　学校における組織社会化のモデルと分析　85
　　　（1）社会的支援／（2）明示的役割／（3）課業的側面・組織的側面
6-5　まとめ　89

第7章　若手教師が抱える困難
──参入時の困難経験　91
町支大祐

7-1　若手教師が経験する困難　92
7-2　困難を乗り越えた経験　95
7-3　まとめ　102

目次

第8章　初めての異動
──初任校から2校目への環境変化　103　町支大祐

- 8-1　初めての異動　104
- 8-2　環境変化とその影響　106
  - （1）何の変化が教師に影響を与えるのか／（2）荒れの変化と能力観
- 8-3　異動による「揺れ」とそれに対するサポート　112

第9章　若手教師としてリーダーを務めること
──リーダー経験　115　町支大祐

- 9-1　若手教師の「次」　115
- 9-2　若手教師のリーダー経験　118
- 9-3　リーダー経験とキャリア意識　122
  - （1）ネットワーク指向／（2）人間指向／（3）仕事指向
- 9-4　まとめ　126

第10章　学校内における組織的なメンタリング
──メンターチーム　129　脇本健弘

- 10-1　メンタリングとは　129
- 10-2　教師の領域におけるメンタリング　132
- 10-3　メンターチームとは　135
  - （1）メンターチームの活動頻度・時間／（2）メンターチームの活動内容／（3）メンターチームの活動形式／（4）メンターチームの参加者

第11章　若手教師への効果的な支援
──メンターチームの手法　143　脇本健弘

- 11-1　効果的なメンターチームに関する仮説　143
- 11-2　メンターチームの分析　146
- 11-3　分析結果とメンターチームの活動例　153
- 11-4　まとめ　155

第12章　管理職のメンターチームへの関わり
―― メンターチームと管理職　157　　　　　町支大祐

- 12-1　過去のメンタリング実践における管理職の関わり　157
- 12-2　管理職の関わりと若手教師の問題解決　159
- 12-3　状況に応じた関わり　167

第13章　メンティからメンターへの移行
―― メンタリング行為の連続性　169　　　　　脇本健弘

- 13-1　若手教師のメンティとしての経験と現在のメンタリング活動　171
  - （1）異動を経験していない教師／（2）異動を経験している教師／■分析結果
- 13-2　メンタリング行為と教師としての成長　178
  - ■分析結果
- 13-3　まとめ　180

第14章　総　括 ―― 若手教師の成長と育成　183　　　　　脇本健弘・町支大祐

- 14-1　教師の学習　184
- 14-2　教師のキャリア　185
- 14-3　教師の人材育成　189
- 14-4　まとめ　193

第15章　教員研修の変革
―― サーベイフィードバックの応用　195　　　　　中原　淳

- 15-1　はじめに　195
- 15-2　研修設計の指針　196
- 15-3　ワークショップ　198
  - （1）ワークショップ冒頭部／（2）本編
- 15-4　人材育成フォーラム　204
- 15-5　終わりに　206

目次

第16章　これからの教師教育研究
　　　── 学校現場・教育委員会・大学の三者間連携　　207

町支大祐・脇本健弘

16-1　メンターチームに関わる全体的な取り組み　　207
16-2　3つの特徴　　208
16-3　大量採用時代における教師教育研究の提言　　209

引用参考文献　　215
索　引　　225
あとがき　　229

　本書は，基本的に学術書として刊行されていますが，実践書としての性格も持ち合わせています。
　第1章は，本書に関わる社会的な状況について述べており，第2章・第3章・第4章は理論的性格が強くなっています。第5章～第9章は現在の若手教師のキャリアに関する分析，第10章～第13章は校内での育成に関わる分析であり，日々の実践に資する内容も多く含んでいます。
　関心に応じて読み進めていただけたら幸いです。

第 1 章 教師をめぐる今日の状況
——社会背景

脇本健弘

　本書は，タイトルに『教師の学びを科学する—データから見える若手の育成と熟達のモデル』とあるように，実証研究によって教師の学びを探究し，これからの教師の成長や育成について考えていくことを目的としている。特に，現在において多くの課題を抱えている若手教師に焦点をあて，今の若手教師はどのように成長しているのか，その現状と，これからどのように育成していくべきなのか，という点について探究する。

　現在，教師をめぐる状況が大きく変化している。教師に対する社会への要望が高まり，そのまなざしも大変厳しいものになっている。それに加え，教師の仕事も困難なものとなっており，仕事量は増える一方である。このような状況の中，団塊の世代が大量退職することにより，教師の大量採用が始まり，若手教師の割合が大幅に増えていることで，教師の育成の仕組みも見直しが迫られている。第1章では，このような現在の日本の教師に関する社会的背景を確認する。教師をめぐる状況が変化し，若手教師の育成が困難を迎えている現状を概観し，それらをふまえ本書が目指すところを説明する。

1-1　これまでの日本の教師

　日本の学校教育は世界からも注目されており，学力レベルも上位に位置している。例えば，PISA2012では，読解力が4位，数学的リテラシーが7位，科学リテラシーは4位を記録している。この日本の学力を支える基盤として注目されているのが同僚性をもとにした教師の文化である。日本には，教師同士がお互いの授業を見学し，議論を行い，授業を向上させていくという授業研究という文化がある。かつて諸外国はこのような文化をもっていなかったものの，Stigler & Hiebert（1999）が"Teaching Gap"という本において，日本の学

力を支えているのが授業研究であると紹介してから，世界的にも注目されるようになり，国際的に授業研究は広がりを見せている。現在においては授業研究の国際会議も開かれるなど，各国で授業研究の取り組みが行われている。それまでは，多くの国では教師がお互いの授業を見合うという習慣もなく，教師の成長というものは，個々人が各自で研修等を受けて育っていくというモデルであった。何かインセンティブがなければ教師がお互いの授業を公開し，議論することはなかったといえる。

話を日本にもどすと，これまで若手教師であれば，同僚性を基盤とした授業研究の文化に参入することで，教師として成長していくことができた。また，授業研究に限らず，何かわからないことがあれば先輩教師に相談することも可能である。そして，先輩教師の授業を参観して，そこから学んで行くこともできた。このように，若手教師は同僚との関係の中で学んでいったのである。

これらは日本が誇るべき教師文化であるが，社会が大きく変化する中で，教師をめぐる状況も変わり始めている。そのようすを，年齢構造の変化，多忙化，子どもと保護者の変化の3点から描いていく。

1-2　教師の年齢構造の変化

最初に，年齢構造の変化について説明する。近年になり，教師の年齢構造が大きく変化している。団塊の世代の教師の大量退職により，若手教師が大量採用され，その割合が大幅に増加しているのである。特に都市部においてその傾向が著しい。図1-1は東京，神奈川，大阪といった大都市の学校の教師の年齢分布である。20代，50代の教師の割合が高く，いわゆるミドル層とよばれる30，40代の教師が少ない状況である。このデータは2010年度のものであり，現在はさらにベテラン層の退職が進み，教師の採用が進んでいるものと考えられる。これまで筆者が訪れた東京都の小学校では，平均年齢が30歳前半である場合や，経験年数10年を超える常勤の教師が学校内に2名しかいない場合もあった。2007年の時点で，教職経験年数5年未満の教師の割合が全体の3

1-2 教師の年齢構造の変化

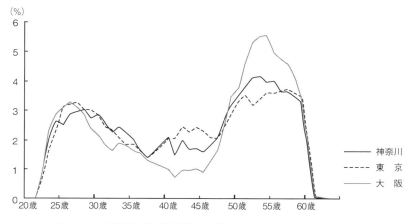

図 1-1　大都市における教師の年齢分布（文部科学省 2012a）

分の1を占める自治体が発生していることが指摘されており（天笠 2007），実際，すでに横浜市では10年経験者までの教師の割合が全体の5割を占めている。このような状況においては，若手教師が授業や学級経営において課題や悩みを抱えた際に，誰かに相談しようにも，相手が同じ若手教師しかおらず，悩みを解決できない場合も多い。本来であればミドル層が，「斜め上の先輩教師」として，若手教師の頼りになる存在として積極的に育成に関わるべきであるものの，これだけ割合が少ない中では十分に若手教師に関わることは難しいといえる。

一方で，秋田・福井といった学力が高い都道府県では，大都市部とは異なる様相を呈している。図1-2は秋田・福井の教師の年齢分布を示している。これら地域においては，ミドル層（30〜40代の教師）が厚く，年齢のバランスが都市部とは大きく異なる。若手教師の割合が少ないうえに，若手教師が相談できるミドル層が多いことで，余裕をもって若手教師の育成ができる環境にある。

しかし，今後はこれら地方都市も安心できる状況ではなくなる。グラフを見ればわかるように，これら都市では40歳代の割合が高い。今後20年かけて，45歳代以上の層が一斉に退職することになる。すると，都市部と同じように

3

■■■■ 第1章　教師をめぐる今日の状況 ── 社会背景

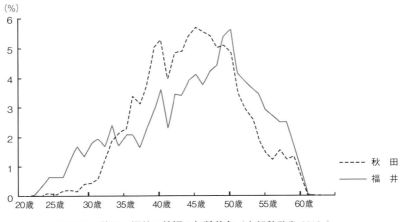

図 1-2　秋田・福井の教師の年齢分布（文部科学省 2012a）

教師を大量に採用する必要性が生じる可能性も考えられる。

　このように，若手教師の割合が非常に高い状況が，今後東京・大阪・横浜など大都市のみならず全国的に発生することが予想される。年齢構造の問題は，都市部のみならず，日本全体が抱える課題である。

1-3　教師の多忙化

　次に，教師の多忙化である。年齢構造が変化し，人的リソースが厳しい中で，さらに教師の多忙化という問題が，教師の置かれた状況をさらに困難なものにしている。ここではベネッセ総合教育研究所や国際教員環境調査（TALIS）のデータを中心に，現代の教師が抱える多忙化の問題を明らかにする。

　図 1-3 はベネッセ教育総合研究所（2011）が行った教師に対する質問紙調査の結果の一部であり，教師の悩みを示している。図 1-3 を見ると，多くの教師が，作成しなければならない事務書類が多いと感じており，その一方で本来時間をかけるべき教材準備の時間が十分にとれないと感じていることがわかる。実際，OECD による 2013 年の国際教員環境調査（国立教育政策研究所 2014）では，

1-3 教師の多忙化

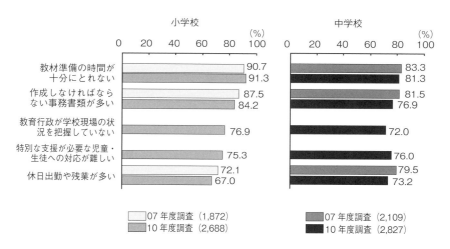

図 1-3　小学校・中学校における教師の悩み（ベネッセ教育総合研究所 2011）

　日本の教師の1週間あたりの仕事時間は調査対象国の中でトップの53.9時間であることが明らかになっている。参加国の平均時間は38.3時間と，日本の教師がいかに多く働いているかがこのデータよりわかる。しかし，一方で授業に費やす時間は諸外国とそれほど差はみられない。国際教員環境調査によると，教師が授業に費やす時間は参加国の平均時間が19.3時間という中で，日本は17.7時間と他国と比べてむしろ少ない状況にある。また，学校内外で個人で行う授業の計画や準備に使った時間が，参加国平均では7.1時間で日本は8.7時間，そして，学校内で同僚と共同作業や話し合いに使った時間が参加国平均では2.9時間で，日本は3.9時間となっている。生徒の課題の採点や添削に使った時間に関しても，参加国平均では4.6時間で，日本は4.9時間とそれほど差はみられない。しかし，全体の仕事時間の多さから考えると，授業やその準備にかけている割合は諸外国と比べて大幅に少なく，それがベネッセの調査にある教材の時間が十分にとれない，作成しなければならない事務書類が多いと感じている教師が多いという結果につながっていると考えられる。勤務時間が諸外国と比べて長いうえに，その長時間勤務の中身が授業やその準備時間ではな

く，他の仕事に多く割かれてしまうのであれば，教師の多忙感は高まる一方である。現在の日本の状況は，単に多忙化が進むだけでなく，教師の多忙感を非常に高める環境にあるといえる。

過度な多忙感は，教師を疲弊させ（油布 2007a），燃え尽き症候群（バーンアウト）にまで追いやることになる（平井 2002）。このように一人ひとりの教師が自身の日々の教材研究もままならないと感じている状況においては，自身の鍛錬にかける時間をとることも当然難しく，ましてや後輩の育成や授業研究等にかける時間をとることは困難である。

実際，多忙化が授業研究に悪影響を与えていることを示唆するデータがある。図1-4は先ほどと同じくベネッセ総合教育研究所（2007）による校内研修に関する調査で，校内研修をうまく機能させるうえで，課題となっている事項を調査している。その結果，多くの教師が課題として十分な時間をとれないことをあげている。長時間勤務にも関わらず，肝心な校内研修にかける時間が少

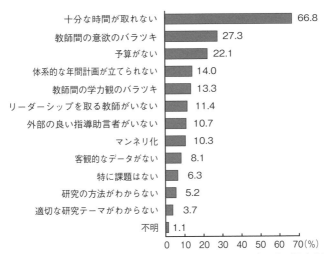

〈調査概要〉　調査主体：「VIEW21」編集部／調査時期：2007年4月／調査方法：全国の公立小学校約22,000校に対し，「VIEW21」に同送する形式でアンケート用紙を配布。郵送およびFAXにて回収／有効回答数：271通

図1-4　校内研修を実施するうえでの課題（ベネッセ教育総合研究所 2007）

ないのである。このように教材研究や校内研修の時間が確保できない状態においては，授業研究が形骸化してしまうという指摘もあり（島田 2011a；千々布 2005），これまでの日本が誇ってきた授業研究の文化が危機に直面している。

以上のように，年齢構造の変化に多忙化が重なり，教師の育成は困難を抱えている。また，島田（2011b）が「多忙化や教師集団の年齢構造の偏りにより，こうした関係性の構築に難しさが生じているのも事実である」と指摘しているように，現在の状況は教師の間の関係構築にも悪影響を及ぼしている。若手教師は先輩教師の支援が非常に受けにくい状況に置かれている。

また，多忙化は若手教師の仕事にも直接深刻な影響を与える。油布（2007b）は，若手教師はベテラン教師と比較して，仕事の段取り等の見当がついていないため，多忙化の中で仕事の優先順位をつけることができず，混乱してしまうことを指摘している。若手教師，特に初任教師であれば，仕事の段取り等で迷ってしまうことはしかたのないことである。

しかし，右も左もわからない状況で多忙が重なり，同僚の支援も受けにくい状況では，若手教師は混乱の中で解決の道筋も見えず，危機に立たされてしまうことになる。

1-4　子どもと保護者の変化

最後に，子どもと保護者の変化について説明する。

まず，子どもの変化を説明する。社会の多様化が進むことで様々な家庭が存在し，子どもが抱える背景も多様なものとなっている。そのため，教師はこれまで以上に柔軟な対応が求められる。ここでは，特別支援教育，多国籍化という観点から確認する。

特別支援教育から確認すると，現在普通学級に平均2〜3人特別な支援を必要としている子どもが在籍しており，その中で40％近くの児童・生徒は適切な支援を受けていないことが明らかになっている（文部科学省 2012b）。担任教師がそのような子どもに対して1人で支援を行っていることが背景にあり，

学級内で多数の子どもを担当している担任教師にとって困難な状況である。森・田中（2012）は特別支援教育の免許をもたない特別支援教育に携わる教師に対する精神健康度（GHQ28）の分析をし，特別支援教育に携わる教師の約60％が精神健康になんらかの問題があることを明らかにしており，この結果は特別支援教育に取り組むことの難しさを示している。

　多国籍化について確認すると，都市部では外国籍の子どもが増加しており，近年の特徴として以前よりも多国籍化していることがあげられる（図1-5）。日本語が話せない子どもが学級にいた場合，支援員がつくケースがあるものの，基本的には担任教師が対応することが求められる。また，多国籍化は単に言語の問題に対応すればよいということではない。柴山（2007）は，「「共に生きる」ことの実現を目指し，異なる文化的背景を有する者同士が，お互いの文化を尊重し合い学び合う環境をつくっていくことが大切である」と指摘しており，共生社会に対応した学級づくりが求められる。

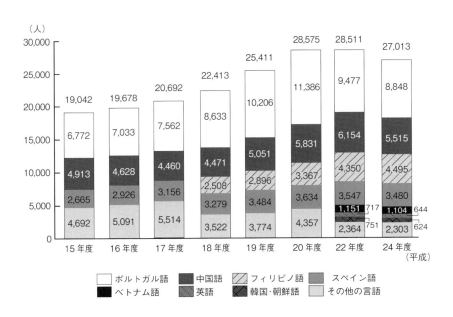

図 1-5　日本語指導が必要な外国籍の子どもの推移（文部科学省 2012c）

次に，保護者の変化を説明する。世間の学校に対するまなざしが厳しくなり，学校に対する批判が高まり，教師は厳しい状況に立たされている。保護者の学校に対する意識が変容し，保護者は消費者として学校と接するようになっている（油布 2007b）。そのため，保護者からの学校に対するクレームが増加し，その説明責任に教師は追われている。図1-6はベネッセ教育総合研究所（2011）の調査で，保護者のクレームに関して，その増減を教師の観点から調査をしている。図1-6を見ると，多くの教師が保護者のクレームが増えていると感じていることがわかる。

このような保護者のクレームを避けるため，失敗が許されない状況になっている。たとえ若手教師であっても，状況は同じで，保護者から教師はサービスの提供者としてみられ，失敗は許されないのである。若手教師だから応援するという保護者は少なくなっており，それどころか，若手教師をベテラン教師と比較し，不足を容赦なく批難，我が子に最善の教育を求めるようになっている（小島，2007）。

しかし，学習の源泉は失敗である。失敗から物事を秩序化・組織化するプロセスこそが学習であり（Becker 1976），新人は「失敗する存在」である。つまり，失敗から学ぶことが熟達していく際に重要な要素となる。しかし，現代の状況

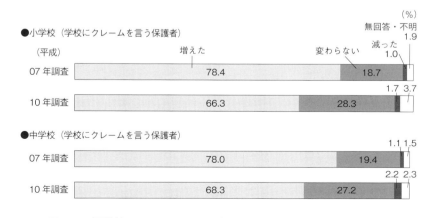

図1-6　保護者のクレームに関する状況（ベネッセ教育総合研究所 2011）

において，その経験を積むことは難しくなっている。

　このような子どもや保護者の変化に対応することは，経験を積んだベテラン教師にとっても難しく，教師としての基礎的な知識や技能の習得もままならない状態の若手教師にとっては，より大きな困難になると考えられる。育成システムが危機を迎え，先輩教師からの支援が受けにくい状況の中で，若手教師は，新たな課題への対応が求められ，かつ，失敗が許されない状況に置かれている。若手教師はいくつもの困難を抱えているのである。

1-5　若手教師の状況

　ここまで年齢構造の変化，多忙化，子どもや保護者の変化を確認してきた。では，これら状況の中で実際若手教師はどのようにしているのだろうか。若手教師に関する文献を確認してみると，いくつもの指摘がなされている。例えば，藤井（2007）は「初任者や若手教員の学級に特有の荒れの状況が見られる」と，若手教師の学級崩壊の危険性を指摘している。また，27都道府県の調査から，経験1，2年目の教師の7割が，授業がうまくいかないと悩んでいることが明らかになっている（教育調査研究所 2008）。上述したように，経験の少ない若手教師が，ベテラン教師のように授業をうまく行えないのは当然のことである。仕事で失敗してしまうことは教師に限らず新人であればどの職業でもありえる。問題は，失敗することではなく，失敗した場合でも，その仕事が続けていけるようなセーフティネットが張られているかどうかである。学級経営が不安定になりそうでも，相談に乗ってくれる先輩教師がいれば，若手教師の精神的支えにもなり，解決方法も考えることができる。授業に関しても同様である。しかし，これまで見てきたように年齢構造が変化し，多忙化が進む中では，先輩教師が若手教師の支援を行うことは難しい場合も多く，セーフティネットさえも危うい状況である。

　このような状況で初任教師の離職率は過去と比べ高くなっている。文部科学省（2013）によると，初任教師の離職率は近年減少傾向にあるものの（図1-7），

1-5 若手教師の状況

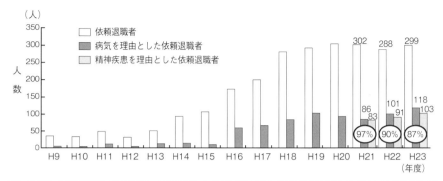

図 1-7 初任教師の退職割合（文部科学省 2013）

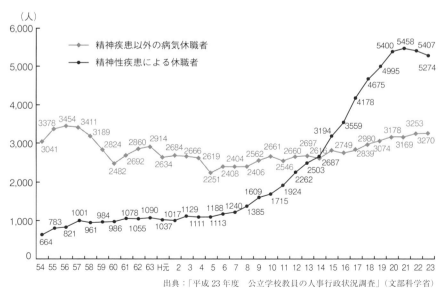

出典:「平成23年度　公立学校教員の人事行政状況調査」（文部科学省）

図 1-8 教師の病気休職者数の変遷（文部科学省 2013）

平成17年以降は1％を超える状態が続いており，その中で病気を理由にした退職は3分の1程度を占めている。また，平成21年度以降は病気の中で精神疾患を理由とした退職について調査も行われており，毎年病気の中の9割以上が精神疾患を理由に退職している。

そして，精神疾患だけではなく，最悪の状況として，初任教師の自殺も複数報告されている（久冨・佐藤 2010, 2012）。自ら命を絶つほどまでに若手教師が追いつめられてしまう状況ができてしまっているのである。

また，初任教師以外の若手教師やベテラン教師にとっても状況は同じである。図1-8は文部科学省（2013）による病気休職者の人数の推移である。精神疾患以外の病気休職者の数は横ばいであるものの，精神性疾患による休職は大幅に増えていることがわかる。全体の教員数との割合でいえば，昭和60年度は0.1％だったものが，平成23年度には0.57％と実に6倍近くに増えている。

1-6　若手教師の育成

このような状況において，若手教師の育成システムを構築することは急務であり（成田 2010），若手教師の育成を対象にした解説書が多数出版されている（例えば八尾坂 2006，成田 2007，明石・保坂 2011，野田 2011，須田 2014などがある）。また，教師向け雑誌においても若手教師の育成をテーマにした特集が組まれるなど（例えば「総合教育技術」2012年7月号，「教職研修」2010年3月号など），学校現場にとって若手教師の育成は大きな課題となっている。

これら課題に対し，すでに新たな取り組みが始まっている。東京都では，教育委員会が中心となって校内での育成（OJT）を制度化するという試みが行われている（東京都教育委員会 2015）。大阪府では，採用や人事異動や学校組織の制度を変えることにより問題に対応している（大阪府教育委員会 2008）。また，都市部では教師になる前の大学生を対象に，教師としての育成を行っている。例えば，東京教師養成塾（東京都教職員研修センター 2008），京都教師塾（京都市教育委員会 2008），よこはま教師塾（横浜市教育委員会 2014）などは

過去にメディア等でも取り上げられ，注目されている。

1-7　本書の位置づけと構成

　このような中で，若手教師はどのように育てていくべきであろうか。まずは，このように状況が大きく変化していく中で，今の若手教師がどのように育っているのか，その現状を明らかにする必要がある。そして，今の状況にあった若手教師の育成方法を考えていかなければならない。そのために，本書では横浜市の若手教師を対象とした実証的調査を通じて，これらの課題について取り組んでいく。

　具体的には，第2章から第14章において，まずは，すでに若年化が著しく進んでいる横浜市の若手教師の状況や，横浜市の各公立学校で実施されているメンターチームを調査し，それらを通じて若手教師の成長や育成を考える[◆1]。詳細は後述するが，横浜市教育委員会は，メンターチームという「複数の先輩教職員が複数の初任者や経験の浅い教職員をメンタリングすることで人材育成を図るシステム」（横浜市教育委員会 2011）を提案し，各学校がメンターチームを実施できるよう支援を行っている[◆2]。メンターチームは，教育委員会によって，その機会の必要性や，枠組みの重要な点については制度的な後押しが行われつつも，その具体的なやり方については学校に任せるというスタンスがとられている。この取り組みを対象とし，効果的な若手教師育成のあり方について探索的に分析していく[◆3]。そのうえで，最後に第15章から第16章において，

◆1　教員採用試験における年齢制限撤廃のため，横浜市教育委員会ではこれらの教師を「経験の浅い教師」としている。本書においては，研究の趣旨から「若手教師」として表現を統一する。
◆2　ただし，メンターチームの各学校における名称が様々であり，また，既存の組織がメンターチームの役割を担っている場合もあるため，近年の横浜市教育委員会の資料では，これらの人材育成組織について「メンターチーム等」という表現が用いられている。本書においては，簡便化のため「メンターチーム」と称する。
◆3　ちなみに，本書が生み出される背景となった横浜市教育委員会と東京大学中原淳研究室の共同研究は，このメンターチームの活性化を目指して，若手教師の育成支援を明らかにするためのものだった。

現代の若手教師の育成に関して，教師教育研究が果たしうる役割や今後のあり方について提言する。

　次章では，アカデミックな観点から，これまで教師の学習や育成がどのように語られ，今後何が求められるのか整理を行い，調査の大枠を述べる。

第2章 これまでの教師研究
──本書の理論的位置づけ

脇本健弘・町支大祐

　第1章では今日の教師をめぐる社会状況を説明した。団塊世代の教師の大量退職が始まり，教師の年齢構造が大幅に変化しており，その中で，特に若手教師の割合が大幅に増加し，若手教師の育成は困難を抱えている。また，教師に対する社会の視線も厳しくなっている。そのような状況の中で，監修者の刊行の言および，第1章で述べたように，本書では，若年化が進む横浜市の教師を対象とした実証的調査を通して，これからの若手教師の成長や育成について考えていく。

　本書が対象とする教師に関する研究には様々な理論的背景がある。第2章では，本書のテーマに関連が深いと考えられる領域についての理論的背景を押さえる。教師に関する研究は様々な領域で行われている。例えば姫野（2013）は，教師に関する研究を整理し，教師研究を8つの領域「専門性・仕事・役割」「成長プロセス・ライフヒストリー」「人事・研修」「多忙化・メンタルヘルス」「知識・技術・信念」「教員養成カリキュラム」「学校組織・教師文化・校内授業研究」「教師教育の連続性（教員養成と現職教育の連続性に関する研究）」に分けている。また，教育工学事典においては，教師教育に関する分野は，大きく「教師の授業力量」（授業設計，授業実施，授業評価，学級経営），「教師の成長・発達」（教師の役割，専門職としての教師，授業リフレクション），「教師教育プログラム」（教員養成，現職教育）の3つに分けられている。

　本書のテーマは，教育工学事典（日本教育工学会 2000）の分類でいうならば，教師の授業力量，教師の成長・発達，教師教育プログラムのすべての領域が範疇となるだろう。姫野の分類においても「専門性・仕事・役割」「成長プロセス・ライフヒストリー」「人事・研修」「知識・技術・信念」「学校組織・教師文化・校内授業研究」「教師教育の連続性（教員養成と現職教育の連続性に関する研究）」が該当すると思われる。本書ではこれら領域の分類を参考に，若

第 2 章 これまでの教師研究 ── 本書の理論的位置づけ

　手教師の成長や育成を考えるにあたり，必要な理論的背景を明らかにするために，①教師の学習（教育工学事典における「教師の授業力量」「教師の成長・発達」，姫野における「専門性・仕事・役割」「成長プロセス・ライフヒストリー」「知識・技術・信念」が該当する），②教師のキャリア（教育工学事典における「教師の成長・発達」，姫野における「成長プロセス・ライフヒストリー」が該当する），③教師の育成（教育工学事典における「教師教育プログラム」，姫野における「学校組織・教師文化・校内授業研究」が該当する）と，研究領域を分類し，それぞれの先行研究の流れを押さえる◆1。

　①教師の学習については，教師の成長や育成を考えるにあたり，教師はどのようなプロセスで学んでいるのか明らかにする必要があり，そのためにおもに教師の学習，熟達プロセスに関する先行研究を整理する。

　②教師のキャリアに関しては，現在の若手教師の成長のプロセスを押さえるために，これまでの教師のキャリア研究において，若手教師としての段階が，どのような時期として描かれてきたのか明らかにする。おもに成長プロセスやライフサイクル・ライフコースなどに関する研究を整理する。

　最後に，③教師の育成に関しては，これから育成を考えるにあたり，まずはこれまでの教師の育成がどのように行われてきたのか明らかにする必要があり，教師の育成に関する研究を整理する。

　これら先行研究をふまえ，これから本書で取り組む内容について述べる。具体的には，現代社会における若手教師の中堅教師への成長プロセス（どのような経験が若手教師の成長を促すのか）を明らかにすること，校内に若手教師の成長を促す新たな仕掛けをつくっていくことの必要性を指摘し，それらをもとに現代における若手教師の成長や育成について提案を行う。

◆1　これらの分類は，若手教師の育成モデル構築のための理論的背景を明らかにするために行ったものであり，教師研究の分類としてこの分け方が適切であるとは必ずしもいえないことに留意を願いたい。例えば，教師の熟達研究と，②教師のキャリア研究には重なりもみられるものの，本研究では教師の学習メカニズムと経験を整理して考えるために，学習プロセスとしての熟達研究を①に分類し，職業的社会化と職能発達研究，ライフコース研究を②に分類している。

2-1 教師の学習

上述したように,若手教師の成長や育成を考えるにあたり,教師はどのようなプロセスで学んでいるのか明らかにする必要がある。そのために,ここではおもに教師という仕事の学習,熟達プロセスに関する先行研究を整理する。

(1) 教師の学習に関する研究

教師の学習に関する研究は,心理学などの学習に関する研究の影響を受けながら発展してきた。よって,教師の学習も当初は行動科学アプローチによって捉えられてきた。行動科学アプローチとは,学習を行動の変化として捉えるアプローチである。教師の文脈で考えるならば,例えば,教師の行動を観察し,特定の行動の出現回数(例えば発問や子どもへの関わりなど)を記録し,その記録を分析することで,教師がどのような教授スキルをもっているのか,どのように授業を行っているのか明らかにする研究である。このアプローチは,今日の授業研究でも活用されており,例えば,授業研究において,授業の発問の回数などを記録し,その後の検討会で授業の検討の材料にすることなどが行われている。この分野の研究で有名なものとして,Flanders (1970) の「相互作用分析」の研究があげられる。Flandersの相互作用分析とは,授業におけるコミュニケーションを,特定のカテゴリシステムを用いて可視化することで,その授業の特徴を明らかにする研究である(佐藤 1996)。具体的には,教師の発言を,子どもへの対応や発問,指示などというように種類に分け(子どもの発言も分類する),授業内でどの程度発話が行われているのか明らかにする。それにより授業の構造等を明らかにしていくのである。

しかし,これら行動科学アプローチは一部で批判を受けることになる。たしかに行動を記録し,分析することは,教師が自身の授業を可視化・改善するうえで役立つ。それは上述したように,今日の授業研究においてそのエッセンスが採用されていることをみれば明らかであろう。ただし,行動科学アプローチにおける研究では,教師が授業中において何を考え,なぜその行動をとったの

第2章 これまでの教師研究 ── 本書の理論的位置づけ

か，教師の意思や思考などは考慮されてこなかった。なぜなら，行動科学アプローチでは，学習者の行動の結果がすべてであり，教師に関する研究においても，教師の思考はブラックボックスであり，行動の結果がすべてであると捉えられていたからである。つまり，思考などは行動科学アプローチにおいては分析の対象ではなかったのである。

その後，認知心理学といった人間の思考を対象にした研究が教師研究においてさかんになる。教師の思考や知識といった内面に焦点があたるようになり，意思決定プロセスや知識，信念などを対象に様々な研究が行われるようになる。しかし，この認知心理学による教師研究も一部から批判を受けることになる。これらの研究は，どのような教師にも適応可能な，普遍的な知識や信念の体系化を目指すものであったが，実際にどのような教師にも適用可能なのかどうか，その適用可能性に疑問が呈されるようなったのである。

その後，「反省」（内省，リフレクション）に注目が集まるようになり，認知心理学をもとにした教師研究から，教師研究のあり方が転換していく。Schön (1983) が提唱した「反省的実践家」は，教師の専門家像に大きな影響を与えることになる。Schön は，従来の医師などの専門家は，学問的な理論，知識・技術を現場の問題解決のために適用することで仕事をしており，そのような専門家を「技術的熟達者」とよんだ。そして，現在のように複雑な問題が絡まった状況においては，このような技術的熟達者は機能しないことを指摘し，問題解決の際，問題に枠組みを与え，その中で行為をしながらその問題について考え，反省的に行為を行っているという「反省的実践家」という専門家像を提唱した（上述した医師においても現在は「反省的実践家」としての側面が強まっていることを Schön は指摘している）。教師の仕事も「反省的実践家」にあてはまるものであり，普遍的な知識や信念構造があり，それを教師が身につけていくことで熟達していくというこれまでのモデルから，教師の専門家像の見直しが起こり，「反省的実践家」は教師の専門性，育成を考えるうえで重要な概念となっていく。

このような「内省」の議論が進む中で，1980年代には教師の知識の捉え方

にも変化がみられる。Elbaz（1981）は，高校の英語教師のインタビューや授業観察を行うことにより，教師の知識は学問や理論的な体系をもとにできているのではなく，現場の経験をもとに構成されていることを指摘した。Clark & Lampert（1986）も，教師の知識は特定の文脈に結びついており，経験をもとに構成され，その教師の所属する集団による影響を大きく受けていることを指摘した。つまり，どのような場面においても有効な特定の方法や知識，そのような理論があるということではなく，それぞれの教師の経験や今置かれている状況の中でそれぞれの教師が自分なりの知識をもっているということである。

このような教師の知識は実践的知識とよばれ，佐藤（1996）は実践的知識の特徴を，先行研究をふまえ次の5つにまとめている。1つ目は，実践的知識とは，限られた文脈に依存する経験知識であるということである。実践的知識は，それぞれの教師がもつ経験や環境に依存する知識であるということである。2つ目は，実践的知識とは，事例知識であるということである。事例知識とは，特定の子どもの認知，特定の教材の内容，特定の教室の文脈に規定された知識であるということであり，広く一般的な知識というよりも，特定の文脈に位置づけられている。3つ目は，実践的知識とは，総合的知識であるということである。総合的知識とは，特定の学問に還元できない総合的な知識のことを指す。現場の問題は複雑であり，特定の学問の知識を用いて解決できるものではない。ある心理学や学習の理論が，現場で起きている現象にそのままあてはまるかというと，必ずしもそううまくいくとは限らないということである。現場では子どものトラブル1つとっても，その子どもがもつ背景や，教室の環境，教師との関係など様々な状況が重なり合っている。1つの理論でそのようすを説明するということは難しい。4つ目は，実践的知識は，潜在的な知識でもあるということである。授業における教師の判断は，無意識の思考や暗黙知や信念が大きな役割を果たしていることが多い。授業における教師がとった行動の理由は，必ずしも意識的に行われているわけではなく，無意識のうちにこれまでの経験やこれまで培ってきた授業の捉え方や枠組みの影響を受けているのである。5つ目は，実践的知識は，個人的知識であるということである。教師の知識は個

人の経験に基礎を置いており，アカデミックな理論をもとに構成されているというわけではないということである。

このような実践的知識の研究は，その後の教師研究のあり方に大きな影響を与えた。教師は，アカデミックな理論などを学習することで知識を蓄え，成長していくのではなく（もちろんアカデミックな理論を学ぶことも重要である），現場で様々な経験を積んでいくことで，そこから実践的知識を蓄え，成長していくのである。

このように，教師が学んでいくために，経験をいかに振り返るかということが重要視されるようになっていく。それは，後述する同僚性といった概念とともに論じられ，他の教師といかに授業を振り返っていくのか，そのあり方が議論されるようになる。

(2) 教師の熟達に関する研究

(1) 教師の学習に関する研究では，教師の学習に関する先行研究を俯瞰し，教師がどのように学んでいるのか確認してきた。次に，そのような専門性をもった教師が，どのように熟達していくのか先行研究により確認する。教師の熟達の捉え方には様々なものがある。表2-1にあるように，経験年数を経るごとに熟達していくというモデルや，一方で熟達することで喪失するものもあるという獲得，喪失両義性モデルなど様々な熟達のモデルが提唱された。また，認知科学の分野における熟達研究が，教師の熟達研究に大きな影響を与えた。熟達研究において，熟達には「定型的熟達者」(routine experts) と「適応的熟達者」(adaptive experts) があることが指摘されている（波多野・稲垣 1983）。ある領域で手続き的知識を身につけ，柔軟性をもたない熟達者を「定型的熟達者」とよび，一方で，ある領域において手続きを遂行しつつ，概念的知識を構成し，柔軟に行動する熟達者は「適応的熟達者」とよばれる（波多野・稲垣 1983）。この知見は教師にもあてはまり，Bransfordら (2007) は，教師の熟達について「定型的熟達者」と「適応的熟達者」を図2-1のように示し，2つの方向性があることを示している。教師を「技術的熟達者」と捉えるのであれば，特定

表 2-1　教師の生涯発達のおもなモデル（秋田 2006）

名称	変化方向イメージ	主に研究されてきた面
成長・熟達モデル	プラス（経験とともに上昇する曲線）	特定の授業技能や学級経営技能・実践的な知識や思考過程
獲得・喪失両義性モデル	獲得／喪失（経験）	知識・思考，生徒との対人関係，仕事や学びへの意欲
人生の危機的移行モデル	プラス（ライフコースに沿う螺旋的上昇）	環境による認知的・対人的葛藤と対処様式，自我同一性，発達課題，社会文化の影響
共同体への参加モデル	周辺→全（共同体）	集団における地位・役割，技能，語り口，思考・信念様式，共同体成員間の相互作用

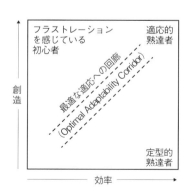

図 2-1　教師の熟達の過程（Bransford et al. 2007）

の授業技術を磨いていく存在として,「定型的熟達者」として捉えることになる。しかし,秋田 (2006) が,教師の仕事を「即興的な判断と行動を求められるため,状況の変化に応じて新たな創造的実践を作り出すことが必要となる」と指摘しているように,教師は「適応的熟達者」になっていくことが求められる。

2-2 教師のキャリアに関する研究

次に,教師のキャリアに関する研究を概観する。若手教師の成長プロセスを分析するにあたり,これまでの教師のキャリア研究において,若手教師としての段階が,どのような時期として描かれてきたかをふまえる必要がある。

(1) 教師の職業的社会化と職能発達に関する研究

そこで,まず,1970年代からさかんに行われてきた教師の職業的社会化研究に目を向ける。

職業的社会化は,「将来,従事するであろうところの,あるいは現に従事している職業的役割の達成に必要とされる知識,技能,態度,価値,並びに動機を選択的に習得して,当該職業への一体化を確保してゆく過程,ないしはそれを確保した状態」(田中 1975) と定義されるものである。教師を対象とした職業的社会化研究では,特に,行動様式や価値観に着目したものが多く,キャリアの伸長に伴ってそれらに起こる変化を描出する研究が行われている。例えば,教師はキャリアを積むにつれ,同僚との関係を重視するような教師文化を内面化し (永井 1977),子どもに対する対処方法などを変化させていく (田中 1975;南本 1995) とともに,子どもに対して高い関心をもつ教師や,人の世話をすすんでやる教師をよい教師とする価値観を強めていくという (小島・篠原 2012)。

その中で,教師としてのキャリアが浅い段階は,多くの研究において,「困難な時期」として描かれている。すなわち,若手期とは,学生から教師への移行が起きている段階にあって,その中で,様々な現実に直面し,改めて,教師

として期待される役割や自分のあり方について吟味を加える時期として描かれている。例えば，今津（1979）は，教師としての自我と自我イメージとのギャップがその葛藤の根底にあるとする。

職業的社会化研究の中には，キャリアの長さによって群を分け，群間で比較をすることによって，おおまかに変化を描くという分析も行われている。つまり，そこでは，基本的に，キャリアの蓄積に伴って漸進的に変化が訪れるものとして，教師のキャリアは描かれている。

1980〜1990年代に，岸本らによってさかんに行われた職能発達研究も同様の特徴を有している。これらは，年齢と能力の自己評価との関係によって，職能発達モデルの形成を試みようとするものである。例えば，岸本ら（1982）によると，教職能力の発達は図2-2のように右肩上がりの図で描くことができる。

これらの研究によれば，若手期は，職能発達の未熟な段階としてシンプルに描かれることになる。

以上の点からすると，職業的社会化研究や職能発達研究は，秋田（2006）の

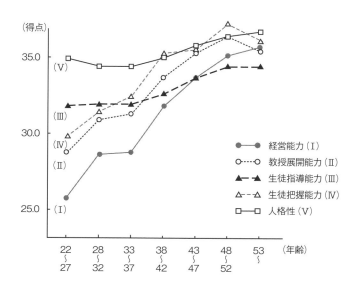

図2-2　教師の職能発達モデル（岸本ら 1982）

モデルでいえば，成長・熟達モデル，あるいは，獲得・喪失両義性モデルに近い考えであることがわかる。参入直後の葛藤などの一時的な後退や，ベテランに近づくにつれて若い頃にあった行動様式を失っていくという意味での喪失の側面はもちつつも，一定のベテラン像・熟達者像に向けて若い頃から徐々に変化していくという観点でキャリアが描かれていることがわかる。

一方，より複雑な変化を含むものとしてキャリアを捉える考え方もある。例えば，教師になってすぐの若手たちは，ベテランの熟達者に対する憧れはもっているとしても，直接的にそのようになることを目指しているわけではなく，経験が浅いときには浅いなりの目標をもっているとも考えられる。若いときには若いときなりの目標，中堅には中堅の目標があり，そして，それらは1つの方向に向けて直線的に連なるのではなく，目指す方向性は時に大きく変化しうるものではないだろうか。

次項では，このような点に着目し，より複雑な段階を経てベテランへといたっていく様を描き出した，ライフサイクル研究やライフコース研究に焦点をあてる。

(2) ライフサイクル研究・ライフコース研究

個々の教師の「語り」を手がかりとして，教師の生涯における変遷をたどり，より具体的で複雑な教師のキャリアの姿を描いたのがライフサイクル研究である。

ライフサイクル研究は，人の生涯のどの段階に位置するかによって，直面すべき発達課題が異なっているという発達心理学の考えをバックグラウンドとしている。それらと同様に，職業のキャリアにおいても，段階によって，不連続な異なる発達課題と向き合うことになるという考えを有している。また，ライフサイクルが「新任教師として教職に就いた段階から中堅教師に成長した時期を経てベテラン教師となり，最後に教職から離れるまでの一連の規則的な推移」（今津 1996）と定義されたように，教師の「語り」を手がかりとしつつ，様々な教師のキャリアの共通性に着目した研究でもある。

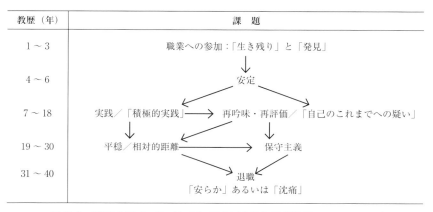

図 2-3 教職のライフサイクルにおける連続的発達課題についてのモデル
（Huberman1992；秋田 1999 を参考に）

　例えば，Huberman（1992）は，教師のライフサイクルを図 2-3 のように，モデル化した。

　この研究によれば，初任期（1〜3年目）は「理想と現実の大きな隔たりに直面し，動揺しながらも，何とかそれを切り抜け教師として「生き残る」こと，また，他方では自分の学級・教材・年間計画を持ったり，教師集団の中に同僚として存在している自分を感じたりする最初の感激を「発見する」ことがテーマ」であり，4〜6年目の安定期は，「職業集団へ加入したという実感を持てたり，直接の監督から自由になったり，そして，教える事にさらにマスタリーしたり心地よくなったりする時期」とされている（山﨑 2002）。その後，積極的に新たな実践を試みたり，一方で，みずからの蓄積に対して改めて疑いの目を向けるような時期へと突入していく。

　このように，ライフサイクル研究は，多くの教師が経験する，発達課題の複雑な変化に目を向けている。その結果，かつての研究に比べ，より具体的でありながら，汎用性の高いキャリアパターンを描出することに成功しているといえるだろう。

　このライフサイクル研究をふまえつつ，時代性や社会状況の変化も加味し，

かつ，キャリアの多様性にも目を向けたのがライフコース研究である。背景となる社会状況の変化に着目し，同年代集団（コーホート）ごとのキャリアの変化に着目したものであり，2000年前後からさかんに行われている。教師のライフコースに関わる代表的な研究である山﨑（2012）によると，2000年代の若手教師は，教職経験上の出来事，学校内での優れた人物との出会い，職務上の役割の変化，当人にとって意味ある学校への赴任などがキャリアの節目やターニングポイントとして機能し，教師のキャリアに影響を及ぼすとされている。

以上，本節では，教師のキャリアに関する研究を概観してきた。それらによれば，経験の浅い教師が葛藤や自我形成の困難に直面しながら，節目や転機となる経験の影響によってキャリアが形成されていくことなどが示されてきたといえる。

次節では，このようなキャリアの伸長をいかにして促すか，つまり，教師の人材育成に関わる研究に着目する。

2-3 教師の人材育成

本節では，いよいよ本書のメインテーマである教師の育成について言及する。教師の人材育成はこれまで様々な場面で行われてきたものの，本書では，これまで日本の教師の成長を支えてきた同僚性に焦点をあて，これまでの同僚性に関する研究を俯瞰する。それにより，日本の教師が教師同士でこれまでどのように成長してきたのか明らかにする。

日本の教師は古くから同僚性を基盤として学校内で学び合う文化をもっていたことが指摘されている。その文化の始まりは公立学校が成立した明治時代にすでに見ることができる。佐藤（1982）によると，明治30年代にはすでに校内の共同研修や郡区単位での教育会や研修サークルなどが定着していた。このような取り組みが行われることで，明治から今日にいたるまで多くの教師は同僚から学んでいる。実際，教師が同僚から学んだという事例は枚挙に暇がなく，多数の報告がなされている。例えば，清水（2002）は，教師が同僚から学んだ

十数の事例をあげている。そして，教師が比較的若い時期に，教科指導や学級経営，生活指導に困惑している際に，先輩教師から声をかけてもらったという事例が多いことを指摘している。つまり，若手教師は先輩教師から多くのことを学んでいるのである。実際，山﨑（2007）のライフコース研究によると，調査対象の若手教師の50％以上が，成長の契機となった出来事として学校内での優れた先輩や指導者との出会いをあげている。このように日本では多くの教師が若手の頃から同僚から学び，熟達しているのである。また，同僚性による効果は熟達だけではない。同僚性が高まり，同僚集団への帰属意識が高まれば，教師個々人の不満や葛藤を軽減するといった効果もあると考えられる（油布 2007a）。

　そして，この同僚性をもとにして行われるのが授業研究である。授業研究には様々な定義があるものの，ここでは木原（2012）の定義を紹介する。木原（2012）によると，授業研究とは，「実践家たる学校現場の教師たちが「自らの授業力量を高めるための方針を探り，それに必要とされるアクションを構想するため，ある授業実践事例に関するコミュニケーションを，同僚等と，直接・間接に，また多面的に繰り広げる」営み」である。現場の教師が，自分たちの授業力の向上を志向し，授業を公開し，同僚同士で観察を行うのである。例えば小学校では，学校の研究テーマがあり，それをもとに学年ごとに授業を担当し，指導案を作成，授業を実施することが多い。事前に複数の教師で指導案を検討し，校内の教師による授業観察を実施，授業後には研究協議会という形で授業の検討を行うという形が多くとられている。

　今日になっても多くの学校で行われている授業研究も，明治時代にその始まりを見ることができる。実際，明治時代にはすでに授業研究や校内研究に関する多くの書物が出版されており（千々布 2005），日本において教師という職業が成立してすぐに授業研究は行われている。木原（2012）は授業研究を5つのステージに分けている。それによると，明治期の校内研修の起源，大正自由教育におけるカリキュラム開発と実践研究スタイルの確立，戦後新教育におけるカリキュラム開発の精錬，研究開発学校制度の発足による校内研修の多様化，

第2章 これまでの教師研究 —— 本書の理論的位置づけ

規制緩和時代の校内研修 – R-PDCA サイクルの5つのステージがあるという。授業研究はその時代の社会情勢の影響を受け、スタイルや力点が異なっているのである。

このような授業研究は日本独自の文化であり、海外でも Lesson Study と紹介され、世界的にも注目されている。そのきっかけとなったのは、第1章でも紹介した Stigler & Hiebert（1999）が"*Teaching Gap*"という書籍で、日本の学力の高さが授業研究と関連があることを指摘したことによる。海外では、学校内の教師同士で研修をするという文化をもたない場合が多く、多くの研修は個人ベースで行われる。そのため、学力向上のために多くの国々が日本の取り組みに注目し、授業研究に関する国際学会も開かれるなど海外に広がりを見せている。

授業研究にはどのような効果があるのだろうか。教師は授業を経験し、それらを振り返ることで熟達していくことを述べた。この振り返りの際に鍵となるのが他者の存在である。もちろん自身の経験をみずから振り返ることは重要である。しかし、他者と振り返ることでその効果をより高めることができる。授業を同僚とともに観察し、共同で振り返ることで自身の観点からは気がつかなかった新たな視点を得ることができると考えられる。坂本・秋田（2008）は授業研究における研究授業後の事後協議会において、他者の発言を聞き、自身の解釈と結びつけながら考えることで教師の学習が生じることを指摘している。その際に、自身の解釈に固執するのではなく、柔軟に他者の視点を取り入れることが重要であると指摘している。先ほど教師が適応的熟達者として熟達していくことの重要性を述べた。適応的熟達者になっていくには、坂本が述べているように、自身の授業の見方を固定するのではなく、他者の視点を柔軟に取り入れ、授業実践に広がりをもたせることが求められる。授業研究はその重要な機会となる。

以上のように、教師は授業研究に取り組んでいくことで、単独で行うときと比較し、他者の視点を取り入れながら振り返りを行うことができ、適応的熟達者として熟達していくことができる。他にも授業研究が教師に与える影響は複

数あり，例えば，授業を設計する段階においても，その作業は共同で行うことが多く，校内の様々な同僚と関わることで学ぶことは多いと考える。木原(2012)は教材開発によって授業力量を高めた教師や，総合的な学習のカリキュラム開発を通じて授業力量を高めた教師の例をあげている。また，現在の授業研究では，研究者や優れた実績をもつ教師を講師として招き，ともに授業研究を行うことも多い。その場合であれば，校内の教師だけでは得ることができなかった新たな視点や知識を得ることも期待できる。

このように，同僚性を核にした日本の教師文化は，教師の成長を促し，世界に誇る成果を上げてきた。しかし，第1章でも確認したように，状況は順風満帆ではなく，問題を抱えている。多忙化等により，同僚との関係がつくりにくい状態になっているという指摘もあり（油布 2007b），これまで学校が培ってきた文化が弱まってきている。それに伴い，校内研修・授業研究が行いにくくなっているという指摘もある。千々布（2005）は，校長へのインタビューを行い，多くの校長が，自身が若手教師の頃と比べて授業研究が行われなくなっていると感じていることを明らかにした。その理由について，千々布（2005）は授業研究が形骸化し，教師の意識が希薄になってしまっていることを指摘している。授業研究において，授業公開をためらう教師が多いため，研究授業の授業者は断ることが難しい異動直後の教師や若手教師になってしまい，周囲の教師は無理に研究授業を引き受けさせたという認識から，研究授業後の検討会も表面的になってしまい，そのために，授業研究の形骸化が進行していると指摘している。

同僚性の形成にはゆとりが求められる（清水 2002）。日々の仕事に追われるような状況がこれからも続けば，同僚同士で授業や子どもの話など，日頃の状況に関して情報交換することもままならず，お互いが孤立し，同僚性の低下に拍車がかかることも考えられる。また，中堅教師の割合が少ない現状においては，中堅教師が若手教師に満足に関わることもできない。これからも校内において教師が学んでいけるような環境や文化・同僚性を保っていくために，新たな支援が求められている。

2-4 本書の位置づけと特徴

　以上が，本書が対象とする領域に関わる理論的な背景である。ここからは，実証研究から現代の若手教師の成長や育成を考えるという目的をふまえつつ，これまでの研究群との差異を示す形で，本書の位置づけを明確化させたい。

　そのうえで，まずは，本書の全体に通底する特徴として，データによる定量的な実証研究が中心をなしているという点を押さえておきたい。本書では，横浜市の若手教師（1年目・2年目・3年目・6年目・11年目）に対して大規模な質問紙調査を行っている。若手といわれる段階の中でも，その初期から，中堅に近い段階まで，幅広く調査を行うことができた。この特徴をふまえつつ，各研究群の先行研究との差異を明示していく。

①教師の学習

　まずは，教師の学習に関わる分野である。反省的実践家として，そして，適応的熟達者になるために，経験から学んでいくことの重要性はいうまでもないだろう。しかし，これまでそれは，概念的あるいは定性的な理解にとどまり，必ずしも実証的に示されてきたわけではない。本書では，経験学習という経験による学習理論に注目し，経験学習のモデルや，それに関わる尺度等を用いることによって，教師の学習の最も重要なポイントである「経験からの学び」を定量的に実証することを試みる。

②教師のキャリア

　次に，教師のキャリアに関わる研究である。これまでの研究では，キャリア上の「転機」が重要な意味をもつといわれており，そのような転機が様々に存在していることは明らかにされている。また，それらをふまえ，個々の転機について，事例的に取り上げた研究も存在している。

　しかし一方で，それぞれの転機がどのように学びにつながるかについて，定量的に示したものは多くない。例えば，組織の構造などがその「転機からの学

び」にどう影響するのか，何が媒介するのか，何は影響しないのか，そういった視点から，より構造的に把握することが必要である。

加えて，これらの構造には，教師の年齢構造の変化が影響し，様々な変化が起きている可能性もある。上述したように，本書が対象とする横浜市においては，10年経験までの教師が，全体の半数を超える。そのような状況では，様々な仕事を任されるタイミングは以前より早まっているであろうし，それに伴って，様々な転機との「出合い方」もかつてとは異なっている可能性がある。その意味で，「現代の若手教師にとっての節目がどのように学びに結びついていくのか」について分析を行う必要があると考える。

また，近年では大学時代の経験も問われるようになっている。大学時代のどのような経験が教師になった際に助けとなるのか，明らかにする必要がある。

このような観点から，本書では大学経験，学校への参入，異動，困難経験，リーダー経験，などに着目する。もちろん，これら以外の節目が存在することは否定できないが，本書では，若手教師が経験すると考えられる節目の多くについて幅広い調査と分析を行った。

③教師の育成

最後に，教師の育成に関わる研究である。繰り返しになるが，教師の育成は経験をもとに振り返っていくことが重要なポイントとなる。特に，キャリアが全体的に早回しになることによって，若いうちから今まで以上の多様な節目が存在していると考えられる。ますますもって，学校内での学びの重要性は増しているといえよう。しかし，同僚性が低下する中で校内における教師の育成は困難を抱えている。この困難に立ち向かうにあたり，学校現場のみですべてを解決するのは難しいといえる。そうではなく，教育委員会や高等教育機関も含めた新たな関係性の構築を行い，三者で取り組んでいくことが求められるであろう。行政が学校内における同僚性や教師の関係性などを支援することは，学校が危機に瀕している今，非常に重要な手立てとなりうる可能性をもっている。

そのような状況の中で，本書では横浜市教育委員会の取り組みに着目する。

第 2 章 これまでの教師研究 —— 本書の理論的位置づけ

　第 1 章からの繰り返しになるが，横浜市教育委員会は，メンターチームという「複数の先輩教職員が複数の初任者や経験の浅い教職員をメンタリングすることで人材育成を図るシステム」（横浜市教育委員会 2011）を提案し，各学校がメンターチームを実施できるよう支援を行っている。横浜市教育委員会は，メンターチームの枠組みの重要な点については制度的な後押しをしつつも，その具体的なやり方については学校に任せるというスタンスで若手教師の支援を行っている。そのような学校の自主性に任せた各学校の組織的なメンタリング◆2 を分析することで，現代社会においてどのように若手教師を育成できるのか探求する。

　以上をふまえ，本書の理論的位置づけを図 2-4 に示す。現在若手教師がどのようなキャリアを歩み，それをどのように学びに繋げていくのか，メンターチー

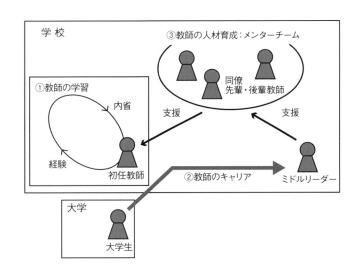

図 2-4　本研究の理論的位置づけ

◆2　メンタリングについては第 10 章で詳しく述べている。

ムのような若手教師支援組織を中心に，若手教師の成長や育成について考えていく。以上が本研究の特徴である。

第3章 調査概要
——本書で用いるデータ

脇本健弘・町支大祐

　第3章では本書で用いるデータについて解説する。筆者らは，横浜市教育委員会と東京大学中原淳研究室との教職員の育成に関する共同研究で得られたデータをもとに，本書を執筆している。

　横浜市教育委員会と東京大学中原淳研究室との共同研究は，横浜市における初任教師等の経験の浅い教職員に対して効果的な人材育成を進め，教職生活の基盤をつくるとともに，教職員としての資質能力の向上を図り，ひいては，学校全体の教師力の向上を図ることによって，横浜の子どもたちのたしかな学力と豊かな心，健やかな体をはぐくむことに寄与するという目的のもとで行われた。対象者は横浜市立の公立学校（小学校，中学校，高等学校，特別支援学校）に所属する初任教師（有効回答266名）◆1，経験年数2年目（有効回答296名），3年目（有効回答282名），6年目（有効回答349名），11年目の教師（有効回答188名）◆2である。本書ではその中で小学校教師を対象に執筆を行っている。

　2011年より，横浜市教育委員会，東京大学中原淳研究室で，調査紙設計や質問項目の作成を行った。期間は2011年から2014年にわたり行われた。2011年には初任教師を対象にした調査（以下【経験1年目教師調査】とよぶ）を行った。そして，2012年には経験2年目，11年目の教師を対象にした調査（以下それぞれ【経験2年目教師調査】，【経験11年目教師調査】とよぶ）を，2013年に

◆1　上記括弧内の有効回答数は小学校教師の数である。他の経験年数も同様である。
◆2　経験年数は具体的には在職年数を指す。経験年数2年目の教師は横浜市教育委員会が実施する初任2年目研修の対象者を，経験年数3年目の教師は，同じく横浜市教育委員会が実施する初任3年目研修の対象者を指す。そして，経験年数6年目，11年目の教師は，それぞれ横浜市教育委員会が実施する5年次教員研修，10年次教員研修の対象者である。なお，現在横浜市では，5年次教員研修，10年次教員研修の研修体系を見直し，リーダーシップ開発研修，人材育成マネジメント研修に変更している。

表3-1　本書で用いた調査項目

	経験1年目教師調査	経験2年目教師調査	経験3年目教師調査	経験6年目教師調査	経験11年目教師調査
共通項目	教師効力感（授業）	教師効力感（授業）	教師効力感（授業）	教師効力感（授業）	教師効力感（授業）
	教師効力感（学級経営）	教師効力感（学級経営）	教師効力感（学級経営）	教師効力感（学級経営）	教師効力感（学級経営）
	教師効力感（保護者）	教師効力感（保護者）	教師効力感（保護者）	教師効力感（保護者）	教師効力感（保護者）
				教師効力感（校務分掌）	教師効力感（校務分掌）
	キャリア意識	キャリア意識	キャリア意識	キャリア意識	キャリア意識
	バーンアウト（消耗感のみ）	バーンアウト	バーンアウト	バーンアウト	バーンアウト
	メンターチーム	メンターチーム	メンターチーム	メンターチーム	
調査ごとの項目		困難経験	困難経験	困難経験	困難経験
		職場環境	職場環境	職場環境	
				後輩との関わり	
				経験学習	
			組織社会化		
			社会化施策		
			職務満足		
				リーダー経験	

は経験3年目、6年目の教師（以下それぞれ【経験3年目教師調査】、【経験6年目教師調査】とよぶ）を対象にした調査を行った。また、横浜市の公立学校に所属する経験1年目から11年目の教師を対象にインタビューも行っている[3]。

次に、本調査で分析対象となった調査項目・各因子について説明を行う。本調査では各調査で様々な変数を用いている。表3-1はその全体像を示したものである。本章では【経験1年目教師調査】をもとに本調査で用いた各因子について説明を行い、【経験1年目教師調査】にないものに関してはそれぞれの調査データをもとに行う。

本調査で用いた因子として、教師効力感（授業、学級経営、保護者、校務分掌）、キャリア意識、バーンアウト、メンターチーム（過去の活動、現在の活動）、困難経験、職場環境、後輩との関わり、経験学習、組織社会化、社会化

◆3　本書では分析の解釈の際に、読みやすさを考慮し、説明を加える。また、語尾の変更や感嘆詞を除くなど、一部の表現を変更している。

(2) 教師効力感（保護者）

施策，職務満足，リーダー経験がある。以下にその詳細を記述する。

（1）教師効力感（授業，学級経営）

　教師効力感とは，教師の自己効力感のことを指す。自己効力感とは，人がある事態にとりかかる際に，どの程度自分ができるかという認識である。つまり，教師効力感（授業，学級経営）とは，教師が授業や学級経営について自分がどの程度できているのかという認識である。教師効力感（授業，学級経営）に関する項目は，Tschannen-Moran & Woolfolk（2001）の教師効力感の尺度等を参考に，横浜市教育委員会と東京大学中原淳研究室で作成した。探索的因子分析（最尤法・プロマックス回転）を行った。スクリープロットによる固有値の変化に基づいて，2因子構造を仮定し，再度因子分析（最尤法・プロマックス回転）を行った。因子負荷が低い項目や，他の因子に高い負荷を与えている項目を削除し，最終的に2因子8項目が妥当であると判断した。

　これら2因子について，共分散構造分析による確認的因子分析を行った結果，GFI=.923，AGFI=.855，CFI=.917，RMSEA=.112，AIC=116.108となった。2因子は，それぞれ教師効力感（授業），教師効力感（学級経営）と名づけた。教師効力感（授業）には，「子どもたちへの発問を工夫することができる」といった質問項目が含まれる。そして，教師効力感（学級経営）には，「子どもたちに学級のルールを守らせることができる」といった質問紙項目が含まれる。信頼性係数 α について，教師効力感（授業）は α =.741となり，教師効力感（学級経営）は α =.834となった。

（2）教師効力感（保護者）

　教師効力感（保護者）とは，教師の保護者との関わりに関する効力感である。教師が自分は保護者とどの程度うまく関わることができると認識しているのか示すものである。教師効力感（保護者）に関する項目は，横浜市教育委員会と東京大学中原淳研究室が共同で，教師と保護者の関わりについて検討し，項目の作成を行った。作成した項目について，探索的因子分析（最尤法・回転なし）

を行い，1因子3項目が妥当であると判断し，教師効力感（保護者）と名づけた。教師効力感（保護者）には，「保護者とコミュニケーションが取れている」といった質問項目が含まれる。

　共分散構造分析による確認的因子分析に関しては，飽和モデルであるため，適合度の検討を行うことができなかった。信頼性係数 α は，教師効力感（保護者）で α =.728 と，おおむね十分な値を示したため，採用した。

（3）教師効力感（校務分掌）【経験6年目教師調査】

　教師効力感（校務分掌）とは，教師の校務分掌に関する効力感である。教師がどの程度自分が校務分掌を行えると認識しているのか示すものである。教師効力感（校務分掌）に関する項目は，横浜市教育委員会と東京大学中原淳研究室が共同で，教師と保護者の関わりについて検討し，項目の作成を行った。作成した項目について，探索的因子分析（最尤法・回転なし）を行い，1因子4項目が妥当であると判断し，教師効力感（校務分掌）と名づけた。教師効力感（校務分掌）には，「それぞれの校務分掌がどのような役割を担っているかを理解している」といった質問項目が含まれている。

　次に，共分散構造分析による確認的因子分析を行った結果，GFI=.990，AGFI=.951，CFI=.989，RMSEA=.082，AIC=22.695 となった。信頼性係数 α =.803 を示した。

（4）キャリア意識

　キャリア意識とは，教師が今後の教師としての人生にどこまで見通しをもっているのか，また，その見通しをもとに実現に向けて行動しようとしているのかどうかを示すものである。キャリア意識に関する項目は，坂柳（1999）の成人キャリア成熟尺度等を参考に，横浜市教育委員会と東京大学中原淳研究室が共同で作成した。作成した項目について，探索的因子分析（最尤法・回転なし）を行い，1因子7項目が妥当であると判断し，キャリア意識と名づけた。キャリア意識には，「教師生活の設計は自分にとって重要な問題なので，真剣に考

えている」といった質問項目が含まれる。

次に，共分散構造分析による確認的因子分析を行った結果，GFI=.909，AGFI=.819，CFI=.893，RMSEA=.139，AIC=113.507 となった。信頼性係数 $α$ =.834 を示した。

（5）バーンアウト【経験6年目教師調査】

バーンアウトとは，燃え尽き症候群とよばれるもので，過度な仕事により，精神的・身体的に疲弊，消耗した状態を指している。それまで普通に働いていた状態から，突然動機づけが低下してしまう（伊藤 2000）。

バーンアウトに関する項目は，伊藤（2000）等を参考に，横浜市教育委員会と東京大学中原淳研究室が共同で，質問項目の作成を行った。まず，探索的因子分析（最尤法・プロマックス回転）を行った。スクリープロットによる固有値の変化に基づいて，2因子構造を仮定し，再度因子分析（最尤法・プロマックス回転）を行い，最終的に2因子9項目が妥当であると判断した。

これら2因子について，共分散構造分析による確認的因子分析を行った結果，GFI=.917，AGFI=.856，CFI=.897，RMSEA=.113，AIC=179.994 となった。2因子は，それぞれバーンアウト（達成感の後退），バーンアウト（情緒的消耗感）と名づけた。バーンアウト（達成感の後退）には，「我を忘れるほど仕事に熱中することがある」(逆転項目)といった質問項目が含まれる。バーンアウト(情緒的消耗感)には，「「こんな仕事，もうやめたい」と思うことがある」といった質問紙項目が含まれる。信頼性係数について，バーンアウト（達成感の後退）は $α$ =.841，バーンアウト（情緒的消耗感）は $α$ =.728 を示した。

（6）メンターチーム【経験6年目教師調査】

メンターチーム[4]は，過去の経験と現在の経験に分けて質問をしている。【経験1年目教師調査】【経験2年目教師調査】【経験3年目教師調査】では現在

◆4　メンターチームに関する説明は第10章を参照のこと。

第3章 調査概要——本書で用いるデータ

のみを,【経験6年目教師調査】では過去・現在ともに質問をしている。なお,因子分析を行ったのは【経験6年目教師調査】のみである。過去・現在についてそれぞれ説明を行う。

①メンターチーム（過去の活動）

メンターチーム（過去の活動）とは，若手教師が過去のメンターチームにおいて，メンティとしてどのようにメンタリングを受けてきたのか示している。メンターチーム（過去の活動）に関する項目は，東京大学中原研究室がメンターチームの活動を観察し，横浜市教育委員会と共同で，質問項目の作成を行った。まず,探索的因子分析（最尤法・プロマックス回転）を行った。スクリープロットによる固有値の変化に基づいて,2因子構造を仮定し,再度因子分析（最尤法・プロマックス回転）を行い，最終的に3因子16項目が妥当であると判断した。

これら3因子について，共分散構造分析による確認的因子分析を行った結果,GFI=.853，AGFI=.801，CFI=.908，RMSEA=.102，AIC=534.047となった。3因子は，それぞれ先輩教師からの情報提供，自由な発言環境，参加者主体と名づけた。先輩教師による情報提供には「先輩教員の失敗談を聞くことができた」といった質問項目が含まれる。自由な発言環境には,「本音で話すことができた」といった質問項目が含まれる。参加者主体には,「活動は自律的に行われている」といった質問項目が含まれる。信頼性係数について，先輩教師の情報提供は α =.913，自由な発言環境は α =.909，参加者主体は α =.858 となった。

②メンターチーム（現在の活動）

メンターチーム（現在の活動）とは，若手教師が現在のメンターチームにおいて,メンターとしてどのように活動しているのかを示している。メンターチーム（現在の活動）に関する項目に関しても，過去の活動と同じく，東京大学中原淳研究室がメンターチームの活動を観察し，横浜市教育委員会と共同で，質問項目の作成を行った。まず，探索的因子分析（最尤法・プロマックス回転）を行った。スクリープロットによる固有値の変化に基づいて，2因子構造を仮

定し，再度因子分析（最尤法・プロマックス回転）を行い，最終的に2因子10項目が妥当であると判断した。

これら2因子について，共分散構造分析による確認的因子分析を行った結果，GFI=.905，AGFI=.847，CFI=.948，RMSEA=.105，AIC=206.524となった。2因子は，それぞれ傾聴，後輩への情報提供と名づけた。傾聴には「活動では後輩の悩みを聞いている」といった質問項目が含まれる。後輩への情報提供には「活動では後輩に学級経営に関する情報を伝えている」といった質問項目が含まれる。信頼性係数について，傾聴は $\alpha=.888$，後輩への情報提供は $\alpha=.919$ となった。

（7）困難経験【経験6年目教師調査】

困難経験は，教師が教師生活においてどのような困難を経験してきたのか示している。困難経験に関する項目は，教師が経験する困難に関する出来事として山﨑（2002）等を参考に，東京大学中原淳研究室と横浜市教育委員と共同で作成した。因子分析等は行っていない。

子どもや授業，職場関係，保護者に関する項目が含まれている。子どもには「子どもの集団をまとめていくこと」といった質問項目が，授業には「教材研究を深めること」といった質問項目が，職場関係には，「教職員と人間関係を築くこと」といった質問項目が，保護者には，「保護者の要望に対応すること」といった質問項目が含まれる。

（8）職場環境【経験6年目教師調査】

職場環境とは，学校の協働性や専門性，創造性の度合いを示している。職場環境に関する項目は，露口（2003）の学校改善の尺度等を参考に，横浜市教育委員会と東京大学中原淳研究室が共同で質問項目の作成を行った。まず，探索的因子分析（最尤法・プロマックス回転）を行った。スクリープロットによる固有値の変化に基づいて，3因子構造を仮定し，再度因子分析（最尤法・プロマックス回転）を行い，最終的に3因子13項目が妥当であると判断した。

これら3因子について，共分散構造分析による確認的因子分析を行った結果，GFI=.933，AGFI=.901，CFI=.966，RMSEA=.069，AIC=223.841となった。3因子は，それぞれ協働性，専門性，創造性と名づけた。協働性には「同僚同士が支え合おうとする雰囲気がある」といった質問項目が含まれる。専門性には「優れた教育実践をしている教職員が多い」といった質問紙項目が含まれる。創造性には「校内研修に意欲をもって取り組む教員が多く，研修が充実している」といった質問紙項目が含まれる。信頼性係数について，協働性は$\alpha=.840$，専門性は$\alpha=.897$，創造性は$\alpha=.888$となった。

(9) 後輩との関わり【経験6年目教師調査】

　後輩との関わりとは，先輩教師が後輩教師とどの程度関わっているのか，情緒面，職務面でそれぞれその度合いを示したものである。後輩との関わりに関する項目は，迫田ら（2004）を参考に，横浜市教育委員会と東京大学中原淳研究室とで検討を行い，先輩教師向けに作成した。まず，探索的因子分析（最尤法・プロマックス回転）を行った。スクリープロットによる固有値の変化に基づいて，2因子構造を仮定し，再度因子分析（最尤法・プロマックス回転）を行い，最終的に2因子8項目が妥当であると判断した。

　これら2因子について，共分散構造分析による確認的因子分析を行った結果，GFI=.944，AGFI=.894，CFI=.973，RMSEA=.094，AIC=111.615となった。2因子は，それぞれ後輩への関わり（情緒面），後輩への関わり（職務面）と名づけた。後輩への関わり（情緒面）には「後輩がする話には耳を傾けるようにしている」といった質問項目が含まれる。後輩への関わり（職務面）には「後輩が授業で困っていることがあると，解決策を示すようにしている」といった質問項目が含まれる。信頼性係数について，後輩への関わり（情緒面）は$\alpha=.906$，後輩への関わり（職務面）は$\alpha=.913$，となった。

(10) 経験学習【経験6年目教師調査】

　経験学習については，第4章で説明を行っている。経験学習に関する項目は，

木村（2012）の経験学習尺度等を参考に，横浜市教育委員会と東京大学中原淳研究室が共同で，教師向けに作成した。まず，探索的因子分析（最尤法・プロマックス回転）を行った。スクリープロットによる固有値の変化に基づいて，4因子構造を仮定し，再度因子分析（最尤法・プロマックス回転）を行い，最終的に4因子13項目が妥当であると判断した。

次に，共分散構造分析による確認的因子分析を行った結果，GFI=.925，AGFI=.884，CFI=.937，RMSEA=.078，AIC=247.893となった。4因子は，それぞれ具体的観察，内省的観察，抽象的概念化，能動的実験と名づけた。具体的経験には「失敗を恐れずにやってみる」といった質問項目が含まれる。内省的観察には「多様な情報を集め，自分の経験したことについて改めて分析する」といった質問項目が含まれる。抽象的概念化には「様々な意見を求め，自分のやり方を見直す」といった質問項目が含まれる。能動的実験には「新しく得たノウハウを実践してみる」といった質問項目が含まれる。信頼性係数について，具体的経験は$\alpha=.747$，内省的観察は$\alpha=.767$，抽象的概念化は$\alpha=.804$となり，能動的実験は$\alpha=.841$となった。

（11）組織社会化【経験3年目教師調査】

組織社会化は，組織への適応のプロセスにおいて，その組織の文化や行動様式をどの程度受容しているかを表す概念である。尾形（2012）など，組織社会化に関する既存の尺度は，組織における仕事のコツや人間関係などの一次学習の程度を測ることによって，組織社会化の度合いを測定したものである。本書においても，この考えに基づき，尾形（2012）の尺度を参考としたうえで，横浜市教育委員会と東京大学中原淳研究室が共同で質問項目の作成を行った。まず，探索的因子分析（最尤法・プロマックス回転）を行った。スクリープロットによる固有値の変化に基づいて，2因子構造を仮定し，再度因子分析（最尤法・プロマックス回転）を行い，最終的に2因子5項目が妥当であると判断した。

次に，2因子5項目を仮定し，共分散構造分析による確認的因子分析を行った。その結果，適合度はGFI=.992，AGFI=.971，CFI=.995，RMSEA=.036，

AIC=27.470 となった。2 因子は，それぞれ組織社会化の課業的側面と組織的側面と名づけた。課業的側面は，「学校の一員として，仕事を進めるうえでの"ノウハウ"を習得している」といった質問項目を含み，組織での課業（タスク）の達成に関わる学習の程度を表している。組織的側面は，「勤務校における教職員間の人間関係を理解している」などの質問項目を含み，組織の状態に関わる学習の程度を表している。信頼性係数は，課業的側面は α =.694，組織的側面は α =.599 であった。

（12）社会化施策【経験 3 年目教師調査】

社会化施策は，組織社会化を促す組織のあり様を表したものである。社会化施策に関する項目は，小川・大里（2010）を参考に◆5，横浜市教育委員会と東京大学中原淳研究室とで検討を行い，尺度を作成した。

まず，探索的因子分析（最尤法・プロマックス回転）を行った。スクリープロットによる固有値の変化をもとに，2 因子構造を仮定し，再度因子分析（最尤法・プロマックス回転）を行い，最終的に 2 因子 5 項目が妥当であると判断した。

これら 2 因子について，共分散構造分析による確認的因子分析を行った結果，GFI=.964，AGFI=.864，CFI=.934，RMSEA=.144，AIC=49.230 となった。それぞれの因子は，明示的役割と社会的支援と名づけた。明示的役割は，「勤務校では，他の教員を見ることで，自分の学校組織内での将来的な役割について予測することができる」といった項目を含み，新人にとって，現在および将来における役割の変遷がわかりやすい状態を意味している◆6。社会的支援は，「同僚の教職員は，新人を支援している」といった，周囲の教職員から新人に対する支援が行われている状態を意味している。信頼性係数については，社会化施

◆5 既存の尺度における文脈的施策は，職場を離れて研修を行うかなど，研修のあり方を意味している。教職員の場合，同じ自治体であればそういった点は全員同一であるため，これらに関わる質問以外を参考として，検討を行った。
◆6 内容的社会化戦術と社会的社会化戦術についての質問項目を参考に尺度を作成したが，明示的役割因子は，内容的社会化戦術と連続的社会化戦術が混在した形であったため，新たに命名した。

策（明示的役割）は α =.728，社会化施策（社会的支援）は α =.731 となった。

（13）職務満足【経験3年目教師調査】

　職務満足とは，その名の通り職務に対する満足である。教師が日々の職務にどの程度満足感を認識しているのか示すものである。職務満足に関する項目は，横浜市教育委員会と東京大学中原淳研究室が共同で検討し，項目の作成を行った。作成した項目について，探索的因子分析（最尤法・回転なし）を行い，1因子3項目が妥当であると判断し，職務満足と名づけた。「勤務校での仕事が好きである」といった質問項目が含まれている。

　共分散構造分析による確認的因子分析に関しては，飽和モデルであるため，適合度の検討を行うことができなかった。信頼性係数 α は，「職務満足」で α =.888 と，おおむね十分な値を示したため採用した。

（14）リーダー経験【経験6年目教師調査】

　リーダー経験は，若手教師がキャリアの中でリーダーを務めた際，どのような行動をとったかを示したものである。淵上（2005）等を参考とし，横浜市教育委員会と東京大学中原淳研究室とで共同で作成した。

　まず，探索的因子分析（最尤法・プロマックス回転）を行った。スクリープロットによる固有値の変化をもとに，2因子構造を仮定し，再度因子分析（最尤法・プロマックス回転）を行い，最終的に3因子8項目が妥当であると判断した。これら3因子について，共分散構造分析による確認的因子分析を行った結果，適合度は，GFI=.955，AGFI=.905，CFI=.946，RMSEA=.089，AIC=94.001 となった。

　3因子は，それぞれ，人間指向・ネットワーク指向・仕事指向と名づけた。ネットワーク指向は，「リーダー経験を通じて管理職と意思疎通を図った」などの質問項目を含み，リーダーとして，管理職や他の分掌との調整を行うなどのリーダー行動を経験したことを表している。人間指向は，「リーダーとして，分掌メンバーそれぞれの事情に配慮した」といった質問項目を含み，リーダーとし

て，分掌メンバーとの，あるいは，分掌メンバー間の人間関係に配慮したリーダー行動の経験を意味している。仕事指向は，「リーダーとして，学校全体の方針と結びつけて，分掌の計画を立てた」などの質問項目を含み，分掌の業務に計画的に取り組むようなリーダー行動を経験したことを表している。信頼性係数については，ネットワーク指向は $α=.690$，人間指向は $α=.710$，仕事指向は $α=.727$ となり，おおむね十分な値を示したといえる。

第4章 教師は経験からどのように学ぶのか——教師の経験学習

脇本健弘

　教師は初任者として学校に赴任し，日々授業や子どもとの関わりを経験し，創意工夫を重ね，授業を改善していく。時には様々な困難に直面しながら，それらを乗り越えていく。そして，そのような経験を重ねていくことで，しだいに学年や学校全体をまとめる立場になり，ベテラン教師とよばれるようになる。このように教師としてキャリアを積んでいく中で，教師はどのように学び，そして，どのように成長していくのだろうか。第4章では，教師の学習プロセスについて考えていくことにする。

　第2章において，教師の学習に関わるこれまでの研究を確認し，教師という仕事は，Schön（1983）のいう反省的実践家としての特徴を兼ね備えていることを指摘した。教師は，授業を進めるうえで，子どもの状況，教材など複雑な要素を読み解きながら即興的に問題に対応している。そして，教師の学習にとって大事なことは，そのような経験を振り返っていくということである。長期的な視野で見た際に，それらの経験がどうであったのか，そして，今後はどのように授業を行っていくべきなのか，そういった検討もされないようであれば，教師の活動は場あたり的になってしまう。それでは，個々の問題は解決できても，教師として成長していくことにはつながらないであろう。よって，Schön（1983）も指摘しているように，行為について振り返るという視点が重要になってくる。

　「振り返る」という行為はこれまで学校において日常的に行われてきた。第2章でも指摘したように，日本には授業研究という文化があり，同僚同士で授業を参観し合い，振り返りを行うことでお互いを高め合ってきたという歴史がある。よって，授業研究を効果的に行うための方法に関しては，膨大な蓄積がある◆1。

　では，一方で個々の教師が授業経験から学ぶプロセスはどうなっているので

あろうか。振り返るという行為が重要なことは上記の通りであるが，振り返りは具体的にどのように行えばよいのだろうか。その問いを考えるにあたり，経験学習という学習理論が参考になる。

4-1 経験学習

　経験学習という学習理論のルーツはDewey（1938）にたどることができる。Deweyは一方的な詰め込み学習に対して，学習の源泉は個体が環境に積極的に働きかけることで経験を生み出していくことであると主張した。そして，経験は後に続く経験を導き，個々の経験は連続しているのであり，反省的思考によって経験を振り返り，それが次の経験の基礎となるとしている。つまり，学習とは，ある経験をし，その経験を丁寧に振り返り，次に生かしていくことであるとDeweyは主張しているのである。上述したSchön（1983）は，Deweyの思想をテーマに博士論文を執筆し，「反省的実践家」という概念も，Deweyの影響を強く受けている。

　Deweyの議論をもとに，Kolb（1984）は経験学習理論を提唱し，Deweyの学習理論を実務家◆2にも理解しやすい循環論に単純化した（中原 2013）。経験学習理論において，学習とは経験を変換することを通じて知識を創造するプロセスである。では，経験学習とは具体的にどのように行われるのであろうか。これからKolbの経験学習モデル（図4-1）をもとにその内容を紹介する。

　経験学習モデルは，具体的経験から始まり，内省的観察，抽象的概念化，能動的実験，そして，再び具体的経験，内省的観察，……と4つのプロセスをたどるサイクルとなっている。以下にそれぞれのプロセスについて説明する。

◆1　例えば，稲垣・佐藤（1996）は授業カンファレンスというビデオを用いた授業研究の方法を提案している。同一学年同一教材で2人の教員が異なるクラスで授業を行い，映像で撮影することで授業後に検討するという方法である。
◆2　実務家とあるように，Kolbの経験学習理論はおもに経営学の領域で議論されている。

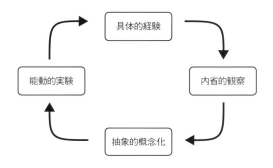

図 4-1　経験学習モデル（Kolb 1984）

　具体的経験は，日々の仕事の中で具体的な経験をする段階である。教師の文脈でいえば，日々の授業や学級経営などの経験を指す。
　内省的観察は，具体的経験の内容を振り返る段階である。内省的観察では，経験を様々な角度から振り返り，時には他者の意見をもらい，他者の視点から経験を眺めることも必要である。教師の文脈でいえば，日々の授業を個々で振り返る場合や，研究授業における検討会などの活動が内省的観察にあたると考えられる。
　抽象的概念化は，内省的観察で得られた振り返りの成果を，今後の他の経験においても生かせるように，自分なりの仮説や理論にまとめ，次に生かせるようにする段階である。日々の授業の振り返りや研究授業の検討会で検討されたことを，そのままの状態にしていたのでは次の実践には結びつかない。次の授業に向けて得られた内容を生かせるよう思考する必要がある。
　最後の能動的実験は，その仮説や理論を実際に活用する段階である。抽象的概念化で得られた仮説や理論は実際に現場で活用され，実践者がその利用を経験することで，さらなる経験学習のサイクルを回していくことにつながる。
　このように経験学習の各サイクル（具体的経験，内省的観察，抽象的概念化，能動的実験）を回していくことで人はより成長することができるのである。

4-2 ALACT モデル

　Kolb の経験学習理論はおもに経営学を中心とした企業の文脈で用いられるものであった。では，教師の文脈においては，経験学習に関してどのような議論がなされているのであろうか。「経験学習」をキーワードに行われている研究は少ないものの，例えば Korthagen ら（2001）は，経験による学びのプロセスとして ALACT モデル◆3 を提案している。

　Korthagen らは，理論と実践を繋ぐことの重要性を指摘し，リアリスティック・アプローチというアプローチを提案した。リアリスティック・アプローチにおいては，教師の経験を基盤に学習が行われる◆4 が，その学習の具体的方法とされているのが ALACT モデル（図 4-2）である。ALACT モデルは経験を振り返り，そして，行為の変化まで視野に入れたモデルであり，Kolb が提案した経験学習と同じようなサイクルをたどる。経験学習モデルと異なるのは，ALACT モデルは，大学において教師教育者が実習生のサイクルを回せるような支援を念頭に置いて構築されているということである。教師教育者が実習生に各場面でどのような問いかけや関わり方をすべきなのか丁寧に説明がなされている。

　ALACT モデルにおける各サイクルには，行為，行為の振り返り，本質的な諸相への気付き，行為の選択肢の拡大，試みというプロセスを含んでいる。それぞれのプロセスの詳細について以下に説明をする。

　行為は，経験をする段階であり，経験学習モデルにおける具体的経験に該当

◆3　ALACT モデルに関する著作（Korthagen et al. 2001）では，教育実習生の育成を念頭に置いているため，学習者が実習者として記述されている。そこで，本章では実習生を教師に置き換えて説明をする。

◆4　リアリスティック・アプローチでは，理論を実践に適用する方法を学ぶということではなく，教師が適切なゲシュタルト（教師が行動を起こす際に影響する感情や価値観，信念，ニーズや関心など）を発達させるプロセスであると捉える（武田・山辺 2012）。そのため，教師がどのようなゲシュタルトをもっており，それを考慮した経験をすることが重要であると指摘がなされている。

4-2 ALACT モデル

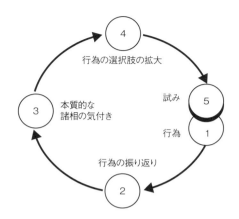

図 4-2　ALACT モデル（Korthagen et al. 2001）

すると考えられる。

　行為の振り返りは，文字通り行為における経験を振り返る段階である。経験学習モデルにおける内省的観察に該当する。

　本質的な諸相への気付きは，経験を構造化し，分類等を行う段階である。こちらは経験学習モデルにおける内省的観察・抽象的概念化に該当すると考えられる。

　行為の選択肢の拡大は，それまでのプロセスをふまえて具体的にどのように行動するのか思考する段階である。こちらは経験学習モデルにおける抽象的概念化に該当すると考えられる。

　最後の試みは，実際に行動を行う段階である。試みは行為とリンクしており，試みを行った際は，行為の振り返りを行い，それにより ALACT モデルのサイクルが循環する。こちらは経験学習モデルにおける具体的経験に該当すると考えられる。

　このように ALACT モデルにおいても経験を振り返り，構造化し，それらをもとに次の行動を選択，実行していくというサイクルをとる。

4-3 経験学習モデルの実証

　経験学習理論は，企業におけるビジネスパーソンを対象に実証がなされてきた。例えば，木村（2012）は経験学習モデルのサイクルと能力向上の関係を，量的調査をもとに実証を試みている。実証の結果，ビジネスパーソンにおいては，経験学習モデルのサイクルは適切であり，具体的経験，内省的観察，抽象的概念化，能動的実験といった各プロセスが能力向上に寄与していることも明らかになった。

　一方，教師の文脈では，経験学習に関する実証研究はこれまで行われてこなかった。つまり，教師が経験を振り返り，それによって成長するということは，おもに質的な研究からは明らかにされてきたものの，量的データをもとにした実証は管見の限り存在しない。そこで，本章では，教師の文脈においても経験学習モデルが成立するのかどうか実証を行う。また，それらに併せて，経験学習を促す教師個人の要因や環境についても考えていきたい。上述のように，これまで経験学習そのものの実証が進んでいないこともあり，経験学習の遂行に影響を与える要因についても研究は少ない状況である。そこで，本書では，経験学習のモデルを実証するだけでなく，経験学習を促す個人の要因や環境についても明らかにすることで，教師が経験学習をより効果的に実施するためにどうすべきか考察する。

　経験学習を促す個人要因や環境には様々なものがあると考えられる。その中で，本書では，個人要因として，経験学習の「サイクルを回す」という特性に着目して，キャリア意識に注目した。第3章において説明したように，キャリア意識とは，教師が今後の教師としての人生にどこまで見通しをもっているのかを指す。経験学習を進めていくにあたり，単にどのようにサイクルを回していくのかという行為に注力するのではなく，より広い視野をもち，どのような経験を積んでいくのか意識することが，質の高い経験学習を遂行していくことにつながるのではないだろうか。

　環境要因としては，学校内の教師の専門性，そして協働性に注目した。専門

性が高い学校においては，力量が高い先輩教師が多く所属していると考えられる。まわりにそのような教師がいることで，他の教師の学び方（経験学習）に影響を与えるのではないだろうか。また，学校内の協働性が高いことで，他の教師から学び方を学ぶことができ，このような中で育つ教師は，経験学習も効果的に実施できるのではないだろうか。

それでは，次項より，経験学習の実証（教師の能力向上と経験学習の影響過程）と，経験学習を促す教師の個人要因（キャリア意識）と環境（学校内の専門性と協働性）の分析を行っていく。

（1）教師の能力向上と経験学習の影響過程

教師の能力向上と経験学習モデルの各プロセスの影響過程について検討するために，【経験6年目教師調査】において，教師用の経験学習モデルの質問項目を作成した。本来なら教師の文脈に合わせてALACTモデルをもとに質問項目を作成することも考えられたものの，より妥当性ある結果を得るために，木村（2012）の経験学習に関する質問項目をもとに，横浜市教育委員会と相談のうえ，教師に合うように経験学習に関する質問項目を作成した（詳しい内容については第3章を参照のこと）。

能力向上と影響過程について検討するために，また，経験学習のサイクルを回すというモデルが適切なのかどうか検討するために，2つのモデルを作成し，比較を行う。

1つ目のモデルは直線モデル（図4-3）である。直線モデルは，具体的経験→内省的観察→抽象的概念化→能動的実験で学習がストップするモデルである。経験を内省することで知見を生み出すことはあっても，それがスパイラルのように回り，発展していくことはないとするモデルである。

2つ目のモデルが，循環モデル（図4-4）であり，こちらがこれまで紹介してきた経験学習モデルである。Kolbの経験学習理論やKorthagenのALACTモデルは循環モデルであり，各理論が想定しているモデルである。具体的経験→内省的観察→抽象的概念化→能動的実験→具体的経験→抽象的概念化→…と続く

第4章 教師は経験からどのように学ぶのか —— 教師の経験学習

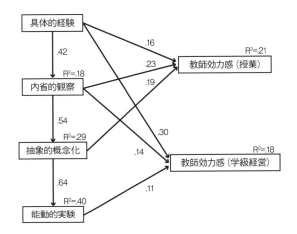

図 4-3　直線モデル

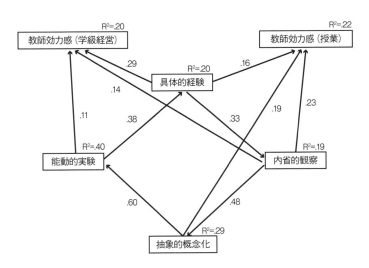

図 4-4　循環モデル[5]

各プロセスが循環する。

 これら2つのモデルの比較を行うことで，サイクルを回すという経験学習のモデルが適切なのか，それとも，直線モデルのように内省はその場限りのものなのかどうか，検討する。そして，経験学習と教師の能力向上の関係を明らかにするために，教師効力感（授業），教師効力感（学級経営）と各プロセスがどのような関係にあるのか分析する。実際に教師の能力を測ることは非常に困難である。よって，上述したように教師効力感（授業），教師効力感（学級経営）と各プロセスがどのような関係にあるのか分析することとした。第3章でも説明したように，教師効力感とは，教師が授業や学級経営について自分がどの程度できているのかという認識であり，自分はこのぐらいはできるという効力感を指している。

■分析結果

 分析の結果，モデルの適合度を確認すると，循環モデルのほうが適合度が高いことが明らかになった（図4-3，4-4）。つまり，経験学習のあり方として，Kolbが提唱したようにサイクルを回す形で遂行されていくことがより適切であるということが明らかになった。

 では，各プロセスと教師効力感の関係はどうであろうか。具体的経験，内省的観察，抽象的概念化，能動的実験の各プロセスが教師効力感（授業），教師効力感（学級経営）にどのように影響しているのか確認する。

 教師効力感（授業）に関しては，具体的経験，内省的観察，抽象的概念化のプロセスが，値はそれほど大きくないものの，向上につながっていることが示唆された◆6。内省的観察の影響がこれらの中では大きく，これまで教師文化として大切にされてきた内省がデータからも重要であるということが裏づけられた。

◆5 簡便化のため，誤差と共分散，誤差相関の記載は省略している（図4-4も同様である）。
◆6 直線モデルにおける各プロセスから授業に関する能力へのパス係数を見ると，「具体的経験→教師効力感（授業）」で.16，「内省的観察→教師効力感（授業）」で.23，「抽象的概念化→教師効力感（授業）」で.19となった。

第4章 教師は経験からどのように学ぶのか ── 教師の経験学習

　教師効力感（学級経営）に関しては，具体的経験，内省的観察，能動的実験のプロセスが，教師効力感（授業）と同じく値はそれほど大きくないものの，向上につながっていることが示唆された◆7。また，こちらは抽象的概念化については直接の効果はないことが示された。授業と異なり，学級経営は実践的側面がより強く，その側面が結果として表れたのかもしれない。しかし，それは学級経営を考えるうえで，抽象的概念化という行為がむだなものであるということではなく，モデルが示しているように，抽象的概念化を行うことで，それが能動的実験に続き，結果的に成長を促していると考えられる。

(2) 経験学習の実施に影響を与える要因
　経験学習モデルが循環モデルをとり，教師効力感に寄与することが実証された。それでは，次に経験学習を促す個人の要因や環境について分析する。上述したように，本書では，①経験学習を促す個人の要因としてキャリア意識を，②環境要因として学校の専門性と協働性に関して分析を行う。

①経験学習を促す個人要因
　最初に，教師のキャリアへの意識が経験学習の実施に影響を与えるのかどうか分析を行う。経験学習は，実践を行い，その実践への振り返りを通して次にどうすべきか，次への改善に向けて新たな方法を考察し，再び次の実践を行うという終わりなき活動である。この経験学習のサイクルを回していく際に，個々のサイクルを回すことのみに注視するのではなく，今後自分がどうなっていきたいのかという意識（＝キャリア意識）をもち，サイクルの内容を吟味していくことが，経験学習の質を高めていくのではないだろうか。
　そこで，キャリア意識に関する因子において，平均より低い回答者をキャリ

◆7　循環モデルにおける各プロセスの学級経営に関する能力に関するパス係数を見ると，「具体的経験→教師効力感（学級経営）」で.29，「内省的観察→教師効力感（学級経営）」で.14，「能動的実験→教師効力感（学級経営）」で.11 となった。

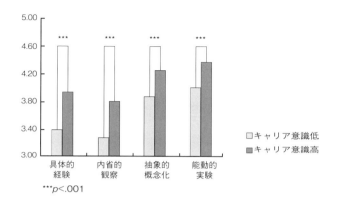

図 4-5 キャリア意識の高低による各プロセスの値

ア意識低群,平均より高い回答者をキャリア意識高群として分類し,各プロセスの値を分散分析によって比較した。また,その後両群においてそれぞれ共分散構造分析を用いてモデルの検討を行った。

分散分析の結果,キャリア意識が高いほうが,各プロセスのすべての値が有意に高かった(図 4-5)。

また,共分散構造分析の結果(図 4-6),内省的観察から抽象的概念化に関するパスに有意差がみられた。つまり,キャリア意識が高い人のほうが,キャリア意識が低い人に比べて,内省的観察から抽象的概念化へうまく移行できる傾向にあることが示唆された。

この結果について考察する。以下は,キャリア意識に関する初任教師の発言である。

> やっぱり,目標に向けて,目標にある自分と,今の自分とを考えたときに,振り返ってみて,どれだけ近づけているのかなというのもあると思いますし,他に,目標も,だんだん,変わっていくにつれて,変わっていくというか,最終的にどうなるかというのは,ズレていくと思います。そのときにやっぱり,どうしてそうなったのか,ということを振り返っていく

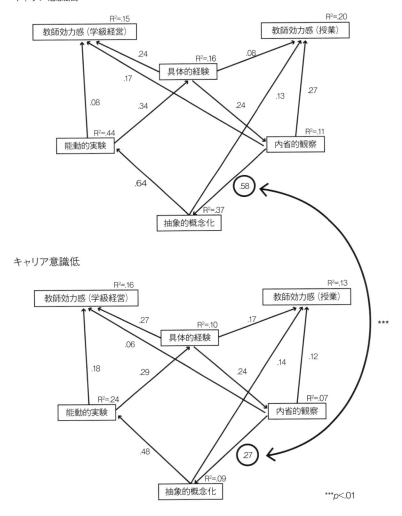

図 4-6 キャリア意識の高低と経験学習モデル[8]

◆8 簡便化のため,誤差と共分散,誤差相関の記載は省略している。

ことは大事だと思います。

　将来のキャリアを意識することは，初任教師の発言にもあるように，今の自分と比べて，将来の自分はどうありたいのか振り返っていくことにつながる。経験学習を行う際に，各プロセスを単に遂行するのではなく，将来的に自身はどうなりたいのか，そのキャリアを念頭に置くことで，より大きな視点をもってプロセスを実行することにつながり，それが本章の結果に表れているのではないだろうか。

　また，キャリアを意識することは，自分をメタな視点で見る習慣をもつことにもつながる。内省的観察から抽象的概念化へと移行するには，自身の経験をメタに，より抽象的な視点で捉えられるようになる必要がある。その際，キャリアを意識するという自分をメタに見るという習慣が，内省的観察から抽象的概念化への移行を効果的に行うことの助けになっているのではないだろうか。

②経験学習を促す環境要因

　次に，環境要因として，校内の専門性，協働性と経験学習の関係について分析を行う。

　まずは専門性に関して分析を行う。専門性の影響を確認するために，校内の専門性に関する項目において，平均より低い回答者を専門性低群，平均より高い回答者を専門性高群として分類し，①経験学習を促す個人要因の場合と同じく，分散分析，共分散構造分析を行った。

　分散分析の結果，経験学習のプロセスのすべてにおいて，校内の専門性が高いほうが，数値が有意に高かった（図4-7）。つまり，専門性が高い学校に所属している教師は，そうでない学校の教師より経験学習の各プロセスをうまく実行していると考えられる。共分散構造分析については低群高群で差はなかった。

　次に協働性に関して分析を行う。これまでと同じく，協働性の影響を確認するために，校内の協働性に関する項目において，平均より低い回答者を協働性低群，平均より高い回答者を協働性高群として分類し，両群において分散分析，

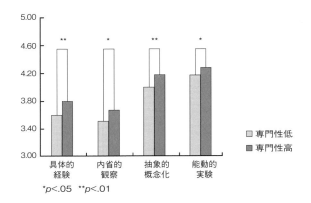

図 4-7 専門性の高低による各プロセスの平均値

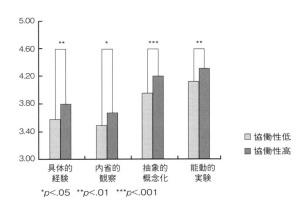

図 4-8 協働性の高低による各プロセスの平均値

共分散構造分析を行った。

分散分析の結果,経験学習のプロセスのすべてにおいて,校内の協働性が高いほうが,数値が有意に高かった(図 4-8)。つまり,協働性が高い学校に所属している教師は,そうでない学校の教師より経験学習の各プロセスをうまく実行していることと考えられる。共分散構造分析については,専門性の場合と同

じく低群高群で差はなかった。

　この２つの環境に関する結果は何を意味するのだろうか．以下は初任教師の発言である．初任教師は，専門性が高い教師とともに過ごすことの利点を述べている．

　　　　僕も，算数の少人数（クラス）の担当なので，自然と算数のベテランの先生と接する機会が多いですね．あと，研修でも，算数の先生と行かせてもらっているのですけど，（ベテランの先生の）研修の感想だったりとか，（ベテランの先生が）自分がどうだったりとか，反省，感想を聞くので．

　初任教師は，算数の少人数授業を担当しているため，日頃からベテラン教師と接する機会が多い．そのため，研修などにもともに出席することが多いようである．その際，研修後に，ベテランの教師がその研修を実際にどう感じているのか聞くことができ，それが自身の学習につながることを話している．初任教師の発言にあるように，専門性の高い教師が近くにいることで，専門性が高い教師が日々の実践をどのように捉えているのか，そして，どのように実践を振り返っているのかを学べる機会が多くなると考えられる．それが，自身の経験学習を実施する際に，どのような形で行うべきか，モデルケースとなり，経験学習を効果的に行うことにつながるのではないだろうか．

　また，上述の初任教師は，協働性に関して以下のように話している．

　　　　コミュニケーションというか，まわりにいる先生といっぱい話して，例えば授業の捉え方とか，課題が出てきたりとかします．（それによって）今日，自分はどうだったか，考えます．

　初任教師は，自身の学校を，同僚間で話がよくできる学校と捉えている．そのため，学校ではコミュニケーションの頻度も高くなり，同僚と授業に関して話す機会や，そのような会話を耳にすることが多いようである．そして，その

ような機会が，自身の経験と引きつけて，自分はどうであったのか考える，振り返りの機会となっているようである。このような行為を日常的に行っていくことで，経験を振り返る習慣が自然に身につき，それが経験学習を効果的に遂行できることにつながるのではないだろうか。

このように，協働性や専門性といった学校内の環境が，経験学習の遂行に影響を与えることが示唆された。

4-4 まとめ

本章では，教師の学習について，経験学習理論をもとに考察をした。実践的知識をもとに仕事を行っている教師は，状況と対話をしながら，即興的に授業を展開している。このような特徴をもつ教師が成長していくには，経験を振り返り，それを次に生かせるよう新たな実践的知識を生み出していくことが求められる。そこで，本章では経験学習理論に注目し，教師が経験学習モデルのサイクルを循環させることで成長していることを実証した。日々の授業や学級経営（具体的経験にあたる）に取り組む中で，それら活動を内省（内省的観察にあたる）し，そこから次に生かせる仮説や原理，知識を抽出，構築し（抽象的概念化にあたる），実際の授業や学級経営に取り入れ，また内省をし，次に生かしていくというサイクルを繰り返していくことが教師の成長につながるのである。

また，経験学習の実施に影響を与える個人要素として，キャリア意識について分析を行った。今後のキャリアについて意識を高くもっている教師のほうが，経験学習の各プロセスを効果的に実施し，よりうまくサイクルを回せていること（内省的観察→抽象的概念化）が示唆された。

また，経験学習の実施に影響を与える環境的要素として，校内の専門性・協働性について分析を行った。その結果，より専門性，あるいは，協働性の高い学校に所属する教師のほうが，経験学習の各プロセスを効果的に実施していることが示唆された。

第5章 教師の成長を促す大学時代の経験 ── 大学からのトランジション

脇本健弘

　第5章から第9章にわたり，大学時代から教師として採用され，中堅教師となるまでのキャリアの過程で，どのような経験が教師としての成長を促すのか明らかにしていく。第5章では大学時代の経験に注目をする。

　教師となる人々の多くは大学において教職課程を受講する。教職課程を履修し，単位を取得することで，教員免許が取得でき，学校教員としての資格を得ることができる。そして，各自治体の教員採用試験を受験し，合格することで晴れて教員として働くことができるのである。

　教職課程においては，教職に関する科目や教科に関する科目など様々な授業，介護体験などの実習がある。その中で，教職課程において最も印象に残っているものは何かと聞かれれば，多くの人は教育実習と答えるのではないだろうか。教師の見習いとして学校現場で経験を積めるというのは，たとえ数週間という短い期間であっても非常に貴重な機会である。

　これに加えて，近年は，より即戦力となりうる教員が求められる傾向もあってか，これまで以上に学生が現場での観察や経験をすること，そしてそれらを振り返ることが重視されている。教師を志望する多くの学生は学校現場に授業やボランティア，支援員といった様々な立場や機会で，学校現場において活動をしている。

　本章では，そのような活動が教師になってからどのような影響を与えるのか明らかにする。そのために，前提条件として，大学の教員養成課程において，学校現場での経験が重視されるようになった経緯や背景を説明する。

5-1　近年の教員養成

　前述した通り，教師となる人々の多くは大学において教職課程を受講する。

第5章　教師の成長を促す大学時代の経験 —— 大学からのトランジション

　しかし，一方で，大学で行われる授業については，学校現場との接続という点で，疑問点も指摘されてきた。例えば，教師が実際に学校現場で働くようになった際に，「教職課程で学んだことが教師としての仕事につながらない，そのため，結局現場で一から学び直すことになる」といったことを，多くの教師が語るのを筆者は聞いてきた。これは，理論を学ぶことが無意味であるということではなく◆1，理論と実践の往還がうまく機能していないということである。このような理論と実践の乖離に関する指摘は，学校現場のみならず，大学関係者からも指摘がなされ，教員養成課程は大きく変化を遂げることになる。そのようすを以下に説明する。

　2001年に，「国立の教員養成系大学・学部の在り方に関する懇談会」が行われ，「今後の国立大学の教員養成系大学・学部の在り方」において国立大学の教員養成について問題点が指摘される（西薗 2010）。この中で具体的にあげられた問題として，教員養成系学部にある「アカデミシャンズ」と「エデュケーショニスト」の対立があり，教員養成系学部のカリキュラムのコンセンサスが学部内で得られていないという問題がある。「アカデミシャンズ」とは，学問が十分にできることが教師の第一条件であるという考え方であり，「エデュケーショニスト」とは，教師として特別な知識・技能を得ることが教師の第一条件とする考え方である。このような「アカデミシャンズ」と「エデュケーショニスト」の対立により，大学内部においても教員養成系学部としてどのような教師を育てるのかという合意がとられておらず，教員養成の目標が示されないまま養成が行われてきた（別惣 2012）。つまり，教員養成において，教師を養成するためのカリキュラムが存在はしていたものの，学部内でどのような教師を育てていきたいという共通理解は不十分であり，教育内容も，学部全体で見た場合にバラバラになりがちであった。

　この状況をふまえて，2005年に，文部科学省「大学・大学院における教員

◆1　また，教師が必ずしも理論が無意味だと思っているということでもない。筆者はこれまで「大学に戻って理論を再び学びたい」と語る経験を積んだ中堅教師やベテラン教師に出会ってきた。

養成推進プログラム（教員養成 GP）」が推進され，各大学が独自のカリキュラムを設けるようになった。各大学・学部が新しい試みを始めるようになり，教員養成におけるスタンダードの構築も行われた（姫野 2013）。つまり，教員養成においてどのような学生を育てていくのかという統一した目標が設定されるようになったのである。その目標は，より実践志向となり，リフレクションを基礎に教師の養成カリキュラムが考えられるようになった。また，学校現場との接続を意識するようになり，各大学の裁量において教育実習の期間が拡張し，対象学年も下がりつつある。また，学生は教育実習以外にも学校現場に出向いて学ぶ機会が増えてきた。例えば，島根大学では 1000 時間に及ぶ体験学習を必修化し，北海道教育大学釧路校では，2007 年から金曜日は大学で授業を行わず，小中学校や社会教育施設での実習授業にあてている（大関 2010）。

　また，学校ボランティアとして学生が学校に赴き，子どもたちの学習支援や授業のサポートなどを行う機会も増えてきた。特別な支援を必要とする子どものサポートを行う特別支援教育支援員の制度も各自治体で整備が進んでいる。このように，大学生が学校現場と関わることができる機会は増えており，支援者として学校現場で経験を積むことができる。

　このような学校現場での経験は，今後教師として活躍する中でどのような影響をもたらすのであろうか。本章では，横浜市の公立学校に勤務する経験 3 年目の教師を対象に，大学時代の経験について調査を行うことにより（【経験 3 年目教師調査】），現在の大学生がどの程度学校現場や子どもとの関わりに関する経験を有しているのか現状を明らかにする。そして，その経験が経験 3 年目になった際にどのような影響を与えているのか明らかにする。

5-2　大学生時代の学校現場での経験

　最初に，大学時代にどの程度学校現場に行っていたのかを示す。図 5-1 は経験年数 3 年目の教師が，大学時代に学校現場に行ったことがあるかどうかを示している。図 5-1 より全体の 9 割近くの学生が大学時代になんらかの形で学校

第5章　教師の成長を促す大学時代の経験 —— 大学からのトランジション

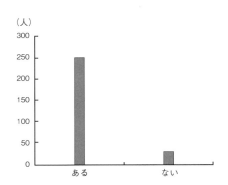

図 5-1　大学生時代の学校現場経験の有無

現場に出かけていることがわかる。では，大学生は学校現場へ何を目的に出かけていたのであろうか。この点を調査するため，「学生時代，学校現場に行く機会はありましたか。機会があった場合，あてはまる機会すべてに○をつけてください」と質問し，「ボランティア」「研究活動」「大学の授業の一環として」「よこはま教師塾」「部活動外部コーチ」「教育委員会などが採用している支援員（AT等）」の中から該当する項目を複数回答してもらった。「よこはま教師塾」とは，「今日の教育的課題を的確に捉え，対応できる力を養うことにより，教育への情熱と豊かな人間性・社会性を自ら高め，子どもとの関わりを大切にする教師の養成を目指」す（よこはま教師塾アイ・カレッジ募集要項より），横浜市が行っている教師志望者のための講座である。全250時間を超える講座があり，学校現場での経験や外部講師の講座，フィールドワーク等が行われる。

　図5-2はその結果を示している。図5-2によると，全体の3分の2以上の学生が，ボランティア目的で学校現場に行っていることがわかる。次に多いのが大学の授業の一環としてであり，実に半数近くの学生が大学の授業の中で学校現場を経験している。また，5分の1程度の学生が研究活動でも学校現場を訪れており，おそらく卒業論文において学校現場への調査や観察などを行っているのではないだろうか。支援員に関しても100名近くの学生が経験をしており，大学生が学校現場に関われる機会はいくつもあることがわかる。

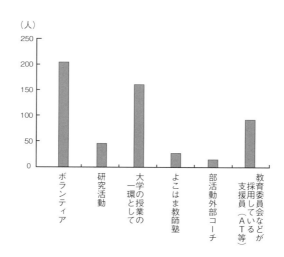

図 5-2　大学生時代に学校現場に訪れた目的（複数選択可）

　それでは，これらの機会の中で大学生は具体的にどのような活動を行っているのであろうか。先ほどの質問に続けて，上記の機会の中で，「学校現場に行った際にどのような関わり方をしましたか。あてはまる関わり方すべてに○をつけてください」と質問をし，「児童・生徒に対して学習支援を行った」「特別な支援を必要とする子どもの支援を行った」「授業準備の手伝いを行った」「授業進行のサポートを行った」「ICT 活用の支援を行った」「部活等で指導等を行った」「授業の観察を行った」「教員にインタビューを行った」「研究授業の見学を行った」「ゲストティーチャーとして関わった」「その他」の中から複数選択をしてもらった。その結果が図 5-3 である。図 5-3 によると，学校現場に訪れた多くの学生が，児童・生徒に学習支援や特別な支援を必要としている子どもに支援を行っていることがわかる。これは，多くの学生がボランティアや支援員として学校現場に入っていることを考えれば納得がいく。授業の観察や，研究授業の見学を経験した学生も全体の 3 分の 1 以上いることがわかる。これらは大学の授業や研究活動に関連していると考えられる。また，上記と比べれば，数は少ないものの，授業準備の手伝いや，進行のサポートをしている学生も一

第5章 教師の成長を促す大学時代の経験 —— 大学からのトランジション

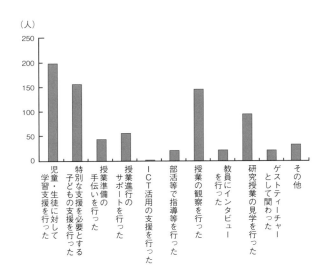

図 5-3 学校現場での活動内容（複数選択可）

定数おり，実際の授業に関わる経験をしている学生もいることがわかる。

このように大学生は学校現場において，子どもへの支援や授業観察，研究授業の見学，授業の支援等様々な活動をしていることがわかる。では，これらの活動はどの程度の頻度で行っていたのだろうか。継続的なものなのか，それとも一時的なものだろうか。それを確認するため，活動の質問に加えて，頻度の質問を行った。具体的には，上述したボランティア等の学校現場への訪問の目的を尋ねた質問の後に，選択した項目について，どの程度の頻度で学校現場に通っていたか質問を行った。結果は図 5-4 の通りである。

図 5-4 によると，多くの教師が大学時代に週1回未満と，比較的定期的に学校を訪れていることがわかる。また，40名は週に2回程度，20名は週に3回程度とかなりの頻度で学校に行っていることがわかる。実に全体の半数以上が週に1回以上学校現場に行っていることになる。上記の活動が一時的なものではなく，学校に根付いて行われていることが想像できる◆2。

ここまで，経験3年目の教師に，大学時代の学校現場の経験を質問すること

5-2 大学生時代の学校現場での経験

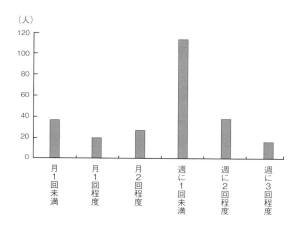

図 5-4　学校現場に訪れた頻度

により，大学生がどの程度学校現場に行っているのか，そして，学校現場ではどのような活動をどの程度の頻度で行っているのか明らかにした。多くの学生が学校現場に通い，子どもへの支援や授業の観察・支援を行っていることが明らかになった。

一方で，子どもとの関わりは何も学校だけとは限らない。学校外でも学生と子どもとの関わりはありえるのではないだろうか。そこで，学校外の子どもとの関わりについても質問を行った。「学校現場以外で児童・生徒と関わる機会はありましたか」という質問を行い，塾講師，家庭教師，地域の集まり（子ども会など），はまっこ・放課後キッズクラブ[3]での支援，児童福祉施設など

◆2　これらの質問紙では，活動に関してどの程度の期間行っていたのかという質問は行っていない。そのため，活動が根付いたと言い切ることはできない。今後検証が必要である。
◆3　はまっ子とは，はまっ子ふれあいスクールのことで，市立小学校で子どもたちがランドセルを置いたまま校庭等で安全で楽しく遊べる放課後の居場所である（横浜市 2014a）。放課後キッズクラブとは，市立小学校で，子どもたちが安全で豊かな放課後を過ごすための居場所である（横浜市 2014b）。両者は運営が公募法人なのか，運営委員会（学校長，地域の適任者など）なのかといった違いがある。

第 5 章　教師の成長を促す大学時代の経験──大学からのトランジション

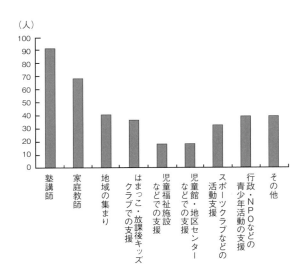

図 5-5　学校外の経験（複数回答可）

での支援，児童館・地区センターなどでの支援，スポーツクラブなどの活動支援，行政・NPO などの青少年活動の支援，その他の中からあてはまる項目を選択してもらった。まず，学校外で子どもと関わった経験がないと考えられる人数（項目を1つも選択しなかった）は 283 名中 48 名であり，8 割程度の教師が学校外においても子どもと関わった経験をもっていることがわかる。ちなみに，学校現場と関わりをもち，かつ学校外でも子どもと関わっている経験をもっている教師は 283 名中 213 名であり，少なくともどちらかの経験をもつ教師は 273 名となっており，経験 3 年目の教師はなんらかの形で子どもと関わる経験をもっていることがわかる。

では，学校外の経験の結果はどうなっているのであろうか。図 5-5 はその結果を示している。図 5-5 を見ると，3 分の 1 近くの教師が塾講師を経験していることがわかる。また，家庭教師を経験している教師も多い。この結果は，塾講師，家庭教師が大学生のアルバイトとして人気がある職種であるという状況を考慮すれば，それほど驚くべき結果ではない。また，一定数の教師が地域の

集まりやスポーツクラブでの活動支援を行っており，様々な場面で子どもとの関わりをもっていることがわかる。

5-3　成長を促す学校現場経験とは

　それでは，これらの経験は，教師となった際に教師の成長にどのような影響を与えるのであろうか。学生の段階で子どもと関わり，授業の観察や支援を行うことは，そうでない学生と比べて学校の実情を知ることになり，教師になってからの行動に影響を与える可能性がある。例えば，学校現場に継続して関わることで，学校現場の様々なようすを知ることができ，授業を長期的に見る視点を養うことにつながらないだろうか。また，教師の仕事の内実を知ることにもつながり，学校現場に早く馴染めるようになる可能性もある。

　上記をふまえ，学生時代における学校現場での経験の有無が，教師が経験3年目を迎えた際にどのような影響を与えるのか検証する。具体的には，学校現場での経験の有無が，授業に関する効力感（教師効力感），そして，学校に早く馴染めるという点で組織社会化（第6章参照のこと）について影響するのかどうか検証する。そのために，上述した学校現場経験に関する項目の中で，①子ども支援の経験（選択肢の中で児童・生徒に対して学習支援を行った，特別な支援を必要とする子どもの支援を行った，のどちらかを選択），②授業支援の経験（選択肢の中で授業準備の手伝いを行った，授業進行のサポートを行った，のどちらかを選択），③授業観察の経験（選択肢の中で授業の観察を行った，を選択），④研究授業見学の経験（選択肢の中で研究授業の見学を行った，を選択），⑤教員へのインタビュー経験（選択肢の中で教員にインタビューを行った，を選択）の項目を，経験の有無で分け，分散分析を用いてそれぞれの項目の有無によって，教師効力感（授業），組織社会化に関して差があるのかどうか検証した。授業に関する能力に関しては，実際に教師の授業に関する能力を測定することは困難であるため，上述したように教師効力感（授業）を用いて分析を行った（教師効力感に関する説明は第3章を参照のこと）。

第5章 教師の成長を促す大学時代の経験──大学からのトランジション

■分析結果

①子ども支援の経験の有無によって，教師効力感（授業），組織社会化の差は出なかった。つまり，経験年数が3年になった段階においては，大学生時代において子ども支援を行ったという経験は，授業ができるという実感や，教師として学校に馴染むことに特に影響がみられないということである。しかし，そうとはいえ，大学生時代の子どもの支援の経験がまったく意味がないかといえば，そう言い切るのは早計ではないだろうか。効力感の向上まではいかなくとも，その経験はなんらかの形で役立っている可能性は考えられないだろうか。以下は大学生時代に学校現場で子どもの支援を行っていた教師のインタビューである。

> （子どもの支援の際に）授業で一緒に教室に入っていたので，（先生が）こういうふうな声かけ（を子どもに）しているなとか，ちょっと身近なものを使って，子どもを引きつけてるなとか，こういうので興味を引いているんだなって。（略）1年生の算数で，数字，足し算の勉強だったんですけど，トランプを使って，じゃあ，3たす2は，とか，子どもに引かせて，ボランティアに来た私に引いてもらったりとかしてたんですよね（略）（自分が教師になった際には，子どもたちの）近くにある，そういうものを使って，（学生時代に見たトランプ）カードじゃないけど，子どもの筆箱，鉛筆が何本とか，5本とか（使って授業をしました）。

発言より，学生時代のボランティアで子どもの支援を行った際に，教師が身近なものを用いて授業を工夫しているようすを見たことで，教師になった後に，自身も身近なものを用いて授業をしていることがわかる。このように，子どもの支援を行うことは，授業を観察することにつながり，効力感の向上までとはいかなくとも，授業の工夫のしかたなどを学ぶことにはつながるのではないだろうか。

では，②授業支援の経験はどうであろうか。分散分析を行った結果，こちらも教師効力感（授業），組織社会化のどちらに関しても差はなかった。しかし，

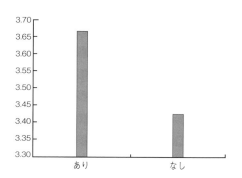

図5-6 授業支援の経験の有無と教師効力感（授業）

経験の有無を,「授業準備の手伝いを行った」かつ「授業進行のサポートを行った」と一連の支援を行ったか否かで分けた場合においては,教師効力感（授業）において有意傾向ではあるももの差がみられた（図5-6）。授業の支援をその準備から実施まで行うことで，教師の授業設計のようすを知ることができ，かつ,それが実際にどのように展開していくのか学ぶことができると考えられる。有意傾向であるということは留意しないといけないものの，それがこのような結果として表れたのではないだろうか。実習生が指導案を作成し，授業の実施を行った際に，授業の実際の流れがどうであれ，実際の展開に柔軟に対応することなく，指導案通りに進めてしまうということはこれまでにも報告されている（吉崎 1997）。そのような若手教師の状況を考えれば，教師がどのように授業を設計し，実際に授業を行っているのか知ることは，学生にとっては有意義であると考えられる。

次に，③授業観察の経験（授業の観察を行った，を選択）の有無について検証する。分散分析を行った結果，授業観察の経験に関しては，有意差はみられなかった。しかし，子どもの支援を行いながら，授業を観察することで，日常の授業の工夫を学べるなど，授業を観察することで学べることも多いと考えられる。

一方で，④研究授業見学の経験（研究授業の見学を行った，を選択）の有無

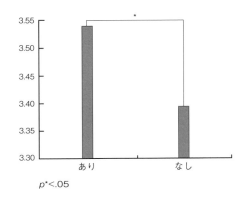

図 5-7 研究授業見学の経験の有無と教師効力感(授業)

について，分散分析を行った結果，授業の効力感に関して有意差（5％未満）がみられた。図5-7はその結果である。研究授業を見学することで，単に授業を見るということだけでなく，検討会では教師の様々な話を聞くことができる。授業者の観点や，授業を観察した教師たちの様々なコメントを聞くことで，学生は授業の背景にある様々な考え方や理論にふれることできると考えられる。そのような経験が，自身が経験3年目になった時点でも授業実践に生きているのではないだろうか。前述の②授業支援の経験においても，授業の設計段階から実施まで支援を行うことが，（有意傾向ではあるものの）授業の効力感に関係していた。学生の時点において，単に授業を観察するということだけでなく，授業を行った教師やその授業を観察した教師の考えを聞くということが，これからの教師としての成長に必要であると考えられる。

また，研究授業は提案性のある授業が行われることも多い。それは学生にとって強い印象を与えるようである。学生時代に研究授業を見学したことがある教師は以下のように語っている。

　　本当に印象に残ったのが道徳で，とりあえず，（子どもたちを）揺さぶる授業をしてて，まず第一場面，あなたはどっち（の意見）かな，わたし

5-3 成長を促す学校現場経験とは

（の意見）はこっち。で，話が進んでいくと，あ，そんなんだったら私はこっちとか，僕はそのままとか。最終的には展開が変わって，意見が変わる子がいたり。

この教師は，道徳の研究授業において，子どもを揺さぶる授業が強く印象に残り，実際に教師になった際にそのような実践を試みている。以下は上記の教師が道徳の授業で用いた，子どもたちが同級生の告げ口をするという教材の話である。

（道徳の授業で）友だちが同級生の文句を（担任に）言ってきた。子どもたちが（同級生を）許さないみたいな道徳らしい話。（同級生の文句に対して先生は）本当はこういうことがその前にあったんだよって（同級生の事情を）言って。（略）社会でも（そのような授業を）やりました，歴史で（略）。（子どもたちを）揺さぶった記憶があります。

発言にあるように，道徳や社会などいくつかの教科で子どもを揺さぶる授業の実施を行うことで，科目の壁を超え，教師としての幅が広がったことが推測できる。このような点でも，研究授業の観察は学生にとって有意義なものとなっ

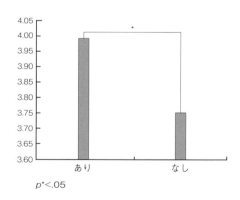

図 5-8　教員へのインタビュー経験の有無と組織社会化

ていると考えられる。

　最後に，⑤教員へのインタビュー経験について検証する。分散分析を行った結果，組織社会化に関して有意差（5％未満）がみられた。図5-8はその結果を示している。学生時代に教員にインタビューをすることで，学生にはわからない教員の生活や，どのように仕事を行っているのか，教員という仕事がどのようなものなのか想像できるようになると考えられる。その経験が，自身が実際に教員として働き始めたときに，学生から教員へのスムーズな移行を促し，組織社会化につながったのではないだろうか。

5-4　まとめ

　本章では，大学時代の経験と教師としての成長の関係を明らかにしていくことを試みた。経験3年目の教師への質問紙調査を通して，現代における大学生が学校現場や学校外においてどのように子どもと関わっているのか明らかにし，それらの経験が教師になった際にどのような影響を与えるのか検証した。

　その結果，経験3年目の教師の9割近い人数がなんらかの形で学校現場に通っていることが明らかになった。その内容は様々で，子どもへの支援を中心に，授業の観察や研究授業の見学，授業の支援なども行っていた。また，学校外においても塾講師や家庭教師，そして地域の活動など多岐にわたって活動をしていることがわかった。学校現場と関わりをもち，かつ学校外でも子どもと関わった経験をもつ教師は283名中213名であり，どちらか一方のみの経験をもつ教師は273名と，経験3年目の教師の大部分は，学生時代において学校現場もしくは学校外で子どもと関わる経験をしている。

　次に，それらの経験が教師となった際にどのような影響を与えるのか検証した。その結果，授業を準備からその実施までサポートすること，そして，研究授業の見学をすることが，授業に関する効力感に影響を与えることが明らかになった。教師がどのように授業を構成し，そして，授業後に何を考えて授業を行っていたのか，そして，観察者は何を考えていたのかを知ることができる経

験は，これからの教師になる学生にとって，自身が授業を行ううえで参考になるものではないだろうか。

また，教師にインタビューを行うという経験が組織社会化につながっていることも明らかになった。教師へのインタビューを通して，教職という職業がどのような職業なのか，その実際を知ることができ，それが，自身が教師になった際に，学生から教師への移行を促し，組織社会化が進んだのではないだろうか。

最後に，今後の課題について3点言及する。1点目は調査対象者についてである。本章の調査対象者は経験3年目の教師であり，初任教師のリアリティショックや様々な課題をすでに経験したうえでの状態である。そのため，例えば初任教師を対象に同じように調査を行えばまた違った結果が出てくる可能性もある。今回は学生時代の子どもとの関わりに関しては特に結果が出なかった。しかし，学生時代に子どもと関わり，その実情を知るということは，初任教師期のリアリティショックを軽減することも考えられ，今後の研究が求められる。2点目は，調査項目についてである。今回，授業の支援や研究授業の見学など，非常におおまかな項目で調査を行っている。今後これらの項目に関して，より詳細に分析を行うことで，例えば経験学習などとの関連を考慮に入れながら学生時代の経験と教師の学習について解明することが可能になると考えられる。3点目は大学のカリキュラムとの関係である。例えば，本調査では教育実習については調査を行っていない。そのため，大学生の経験の全容を捉えているわけではない。今後大学のカリキュラムまでも視野に入れた調査が求められる。

第6章 学校への新規参入と適応
——組織社会化

町支大祐

前章では,教師になる前,学生時代の経験について分析した。本章では,実際に教師になった初期段階に着目する。

働き始めた当初,若手教師がまずもって求められることの1つは,その職務に適応していくことである。もちろん,教師は専門職として自律性や主体性を発揮しながら働いていくことが求められるが,そもそも,最低限の適応ができなければ,その立場から離れざるをえない状況に陥ってしまう。以前に比べ,若手教師の離職率等が上がっている現状(和井田 2012)をふまえれば,なおのこと,適応していくことの重要性は増しているといえよう。

筆者自身,学校の教師を務めていた身であるが,同期や後輩を含め,この初期の適応に苦しむ者を何人も見てきた。中には,1年経たないうちに,現場を離れざるをえなかった者もいた。学校現場への想いをもって,教職課程の履修や教員採用試験への対策など,長い時間と労力をかけてやっとスタートラインに立った者が,その学校現場への適応に悩み,苦しむ姿は非常に傷ましいものであった。筆者自身,若手教師の適応を考えることは,重大な意義をもっていると感じている。そういった想いをもって分析を進めていきたい。

ここではまず,教師は何に対して適応していけばよいのか,という点から考えていきたい。本章では,教師としての仕事の2つの側面について考えたうえで,その適応について分析を行っていく。

6-1 教師の仕事の2つの側面

一般的に,「学校の教師の仕事」といったら何が想起されるであろうか。まず最初にあげられるのは,おそらく授業や学級経営などであろう。それから,上記の2つと重複する部分もあるが,生徒指導や行事における指導なども「教

第6章　学校への新規参入と適応 ── 組織社会化

師」の仕事として一般的に考えられるものであろう。それらの1つの特徴は子どもとの関係の中で行われることである。

　一方，本書を手にしておられる教師や，学校の支援などに関わったことがある方であれば，実際の教師の仕事がそれらにとどまらないことをご存知なのではないだろうか。様々な会議や委員会，そのための根回しや折衝，資料や報告書の作成，研修などに割く時間・労力もかなり大きい。これらの仕事は，子どもとの関わりを射程に入れつつも，直接的に関わるのは同僚や管理職，教育委員会の職員や地域の大人などである。

　子どもに接する仕事では，おもに，教える，指導するといった教職としての職務が中心的になる。一方，大人と接する仕事では，組織の一員として，連絡・調整を行ったり，協議を行ったりすることが職務の中心となる。両者の総体が教師の職務ということになるが，これらは単純に切り分けられるものではない。例えば，体育祭など学校全体で行事に取り組んでいる場合には，子どもたちを指導するという教職としての側面をもちながら，行事全体を運営する組織の一員としての役割も付与されているといえる。このように，この2つの側面は混ざり合いながら存在するが，教師という仕事について考えるうえで，両者を単純に同一化せず捉えることも必要である。例えば，教師のコミットメント（愛着と同一視）研究ではこれらを分けて分析する研究が行われている。Somech & Bogler（2002）は，①教職に対する愛着と②学校組織に対する愛着とがそれぞれ別の影響をもっていることを明らかにしている。それらの愛着と，向社会的行動◆1との関係を分析したところ，教職への愛着は生徒への向社会的行動にのみ寄与するものの，組織に対する愛着は生徒／同僚教師／学校組織の3つすべてに対する向社会的行動に寄与していることがわかった（淵上 2007）。このように，教師という仕事についてより深く理解するうえでは，この2つの

◆1　向社会的行動とは，生徒への行動（生徒の勉強を手助けするために放課後数時間学校に残るなど），同僚教師への行動（欠席している教師の担任クラスに学習課題を割り当てることなど），学校組織への行動（学校改善のために創造的な意見を述べるなど）を指す。

異なる側面を単純に同一化せずに捉えることも必要である。

6-2　2つの社会化研究

　冒頭で述べた通り，本章でテーマとするのは教師の適応である。この適応のプロセスに関する先行研究として，教師の社会化研究がある。

　前節で述べた，教師の仕事の2つの側面をふまえると，教師の適応に関する社会化研究においても，教職に適応していくことと，学校組織に適応していくことは異なる性格をもっている可能性がある。両者が異なることは，経験的には理解できるが，ここではまず，その理論的な位置づけについて整理していく。

　まず，両者の上位概念である社会化について述べる。社会化は分野によって様々な定義があることが知られている（高橋 1993）。それらを包括的に捉えた柴野（1992）によれば，①社会化は成員性の習得である，②社会化は基本的に学習の過程である，③社会化は他者との相互作用を通じてパーソナリティを社会体系（社会システム）に結びつける過程である，の3点が社会化の主要な概念であるとされている。また，内面化する対象についてより具体的に示した社会学用語辞典の定義によれば「個人が自己の属する集団ないしは，社会の規範・価値・習慣的行動様式を学習し，内面化していく過程」であるともいわれている。

　この社会化において，その対象を「職業」と「組織」とに分けて整理した高橋（1993）によれば，職業的社会化は「人々がある職業につき退職するまでのプロセス，及びその職業の担い手に期待されている職務遂行能力や態度，職業倫理，職業観などが習得される過程」（『社会学用語辞典』学文社 1992）」であり，組織社会化は「組織の一員として認められるために，個人が価値・規範・必要な行動を身につけていく過程」とされている。高橋は両者の相違について，事例をあげながら次のように説明している。

　　個人は，職業的社会化を達成するために必ずしも何らかの組織に属している必要はない（例：ある種の伝統的職人）。同様に，組織社会化を達成

第6章 学校への新規参入と適応 ── 組織社会化

した者が必然的に職業的社会化を達成しているという保証もない。したがって，両概念を同一のものとして扱うことは望ましくない。

このような考えから，高橋は両者の関係を図6-1のように表し，重複しながら並存するものとして表現している。

これらを参考にすると，教師の社会化についても2つの側面が考えられる。すなわち，教師としての文化や規範，行動様式を内面化し，教師として適応していくことと，当人が属する学校組織に由来した文化や規範，行動様式を内面化し，学校組織の一員として適応していくこととは異なるという立場である。これらは，学校間での共通性や相違性の点からも整理することができるであろう。少なくとも，教師としての文化や規範などは，学校組織を超えて共通のものとして存在するはずであろう。逆に，学校組織の文化等が結果として学校を越えて共通であることはありうるが，学校間で異なっている文化等は，学校組織に由来しているものだと考えられる。

例えば，いじめなど児童生徒指導に関わる事象を認知した場合，事情を詳しく理解し，加害者や被害者の内面に寄り添い，ケアするといった考え方・行動が必要であるが，これは，学校組織によらず，教職の一員として内面化していくべきものだと考えられる。

一方で，いじめのような事象が発生した場合，具体的な行動として組織的な対応が求められる。関係する子どもたちをそれぞれ別の部屋に残し，複数の教師が個別に話を聞き，状況を理解していくような行動をとる。その際，まず同

図6-1　職業的社会化と組織社会化（高橋 1993）

僚のうち誰に声をかけ，また，主要な関係者に対して事情を聞く教師として誰が適しているか，それらを保護者に連絡するのは誰が適しているか，そういったことがらをうまく進めていくためには，その組織内の人間関係や，子どもと教師の関係，組織が通常とっている対応方法を理解する必要があるし，例えば，その問題を学年を超えて共有すべきであるとか，関係のある学級の担任の中だけで共有すべきであるといった価値観，そしてそれらに通底する文化などを内面化していることが必要である。例えば，その学校における行動様式を無視し，「前の学校ではこうだった」あるいは「教育実習を受けた学校ではこうだった」ということを押し通すことによって（そのような姿勢が必要な場面もあることは否定しないが），なんらかのトラブルが起こるという事例も少なくないのではないだろうか。

このような事例から考えても，学校を越えて共通する教師としての考え方やふるまい方と，学校間で差異のあるその組織なりのやり方のようなものの両方が存在することがわかる。

また，社会化は，「一人前になる」という言葉で言い換えられることもある（例えば，篠原 1995）。その点に関連して，ある教師は，教師として一人前になることと，学校組織の一員として一人前になることとの違いについて以下のように語っている。

　　学校の組織としての仕事を覚えていくことは若手でもできると思うんですよね。経験が長くなくても，自分に求められるものを担っていけるのかなって。でも，教員としてっていうと，いろんな引き出しもってないといけないのかなって。それは，いろんな学校を経験して，いろんなことをやってみて，自分でアレンジしてやっとそうなる。終わりがないかなって思う。

この発言からすると，社会化にかかる時間の長さについても，両者に違いがあることがわかる。組織におけるふるまい方は数年単位で学び，教師としてのふるまい方は，教師としてのキャリアをかけて，「終わりなく」学ぶと考えら

れている。

このような事例や発言からしても，教職という職業における価値や規範，行動様式を内面化し，その職業へ適応していくという社会化（職業的社会化）と，所属する学校組織の一員として適応していく社会化（組織社会化）は必ずしも一致せず，一定程度異なるものであることがわかる。

6-3　これまでの教師の社会化研究

この考え方に従って，教師の社会化に関わる先行研究を概観すると，現状では，そのほとんどが，職業的社会化に関わるものであることがわかる（町支 2013）。例えば，南本（1995）は，職業的社会化の内容の1つとして，決まりを守れない子どもに対する注意のしかたなどを身につけていくことを指摘している。教師としてのキャリアを積み重ねるにつれて，その決まりの意義を認め，厳格に注意するという行動様式を身につけていくことを明らかにした。また，小島・篠原（2012）は，教師になった当初と約20年後とのデータを比較し，人の世話をすすんでやる教師や人の心の動きに敏感になる教師をよしとする価値観をもつようになっていくことがわかった。これらは一例であるが，これまでの研究によって，このような行動様式や価値観を身につけながら教職という仕事に適応していく様が描出されている。

その一方で，組織の一員として，組織の価値観や，組織における仕事の回し方，つまり，組織における行動様式，あるいは，その行動様式に通底する文化や規範などを内面化しながら，その組織の一員として適応していく様は，これまで中心的な研究対象とはされてこなかった。

参考として，他の職における組織社会化の知見の一部を紹介すると，ロールモデルの存在（内容的社会化施策）や，周囲の既存メンバーから支援を受けること（社会的社会化施策），あるいは，みずから，その組織の情報を知ろうとすること（職務探索行動）などによって，その組織への適応が進展すると明らかにされている。また，組織社会化が深まった結果として，職務満足等が高ま

ることも知られている（高橋 2002）。

　以上のような研究状況をふまえ，本章では，若手教師の組織社会化について分析を行うことにする。

　冒頭でも述べた通り，本章は，若手教師のキャリアの初期に求められる適応を分析対象としている。これまでの研究から見てもわかる通り，職業的社会化は，教師としての長いキャリアを通じて徐々に適応していく様を見ており，本章の目的とは異なっている。むしろ，若手でも可能である組織社会化が，どのような構造で実現されているかに着目したい。

　教師としてのふるまい方などを身につけ，教師という職業に適応し，一人前になっていくことが最も重要であるのはいうまでもないが，学校組織への適応を果たさなければ，そういったプロセスに入っていくことも難しくなるのではないだろうか。例えば，有村（2005）は，若手教師の適応について「組織との付き合い方」を学ぶことが1つの鍵になると提言している。若手教師の参入時における適応という意味では，そういった点を分析することも必要であろう。

　以上の理由から，適応のプロセスを見る社会化研究の中でも，本書では，組織社会化の枠組みを用いて分析を行う。

6-4　学校における組織社会化のモデルと分析

　前述した通り，教師の組織社会化についてはこれまで分析が行われてこなかったが，他の職については様々な研究が行われてきた。それらによれば，当人の行動（組織についての情報を探索する等）や，組織のあり様（例えば，ロールモデルが存在する，熟達の方向性が明確である，集団的な研修を行っている等）・同僚や上司の関わり（身近な先輩の支援等）などが組織社会化を促進することや，組織社会化が進展した結果，パフォーマンス，職務満足，コミットメントなどが高まり，離職意思が低下することなどが指摘されてきた（高橋2002；竹内・竹内2009ほか）。

　本節では，学校における組織社会化研究の端緒に位置するものとして，まず

図 6-2　分析モデル

はこれらの基本的なモデルを用いて，若手教師の適応について検証する。学校における社会化施策が組織社会化を促進し，その結果，職務満足を高めるというモデルについて分析を行う（図 6-2）。

より具体的にいえば，新人が周囲から支援を受けられる状態であること（社会的支援）や，新人にとって役割やその変遷が明示的な状態であること（明示的役割）が，新人が組織での仕事のコツを理解していること（課業的側面）や組織の状況や文化を理解していること（組織的側面）を通して，職務満足にいかに影響しているかを分析する。

図 6-2 のモデルに従い，【経験 3 年目教師調査】において得られたデータについて，共分散構造分析を行った結果が図 6-3 である。

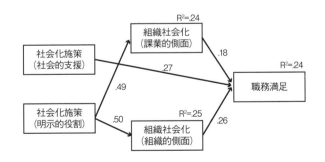

GFI=.993, AGFI=.964, CFI=.993, RMSEA=.049, AIC=28.995

図 6-3　分析結果[2]

◆2　簡便化のため，誤差と共分散，誤差相関の記載は省略している。

図 6-3 をもとに，結果を左から順に確認していく。

(1) 社会的支援

まず，社会的支援である。社会的支援は，組織社会化を媒介することなく，直接的に職務満足につながっている。まわりの者から支援を受けることは，それに伴って何かを学習することを経ずしても，支援を受けられること自体が日々の満足につながっている可能性も考えられる。

(2) 明示的役割

次に，明示的役割である。新人がみずからの現在および将来の役割について意識しやすい状態（明示的役割）が，組織での仕事のコツを理解すること（課業的側面）にも，組織の文化を受容すること（組織的側面）にもつながっている。例えば，Jones（1986）によれば，自分の役割の変遷が明確である場合，保守的な志向性が生まれるということである。これは，組織にある既存のものを尊重し，積極的に順応していく姿勢につながり，つまり，組織における「ふるまい方」を身につけることにつながると考えられる◆3。また，新人にとって役割モデルになる者との接点があるとき，新人は，既存の組織の体系を円滑に吸収するとされている◆4（小川 2010）。例えば，ある若手教師は，初任の当時を思い出し，次のように語っている。

　　自分が初任のときに仲がよかった先生が，6年目だったんですよね。で，

◆3　保守的な志向性は，当たり障りのないように過ごすという側面もある。組織への参入という場面において言えば，良いか悪いかは別として，若手教師がそのような傾向になる可能性も否定はできないと考えられる。

◆4　この分析における明示的役割因子のうちの一部の質問項目は，既存の枠組みにおける，社会的戦術のうちの連続的戦術（新しい役割取得に向けてモデルとなる者と接点がある）に関わる質問項目と共通している（「勤務校では，他の教員を見ることで，自分の学校組織内での将来的な役割について予測することができる」）。3章でも述べた通り，本書の場合，因子分析を行った結果，先行研究とは異なる構造となったため，別の名前をつけた。

その先生は何でも知ってて，学校を引っ張っていくような存在で。その姿を見てたイメージとして，そういう段階になったら求められるものっていうのがあるんだな，ということはは当時からヒシヒシと（感じていました）。そういうふうになるにはどうしたらいいんだろうとか，自分で感じるものがあって。学べるものはいろいろ学ぼうって（思っています）。

　身近な先輩の存在から，「そういう段階になったら求められるもの」を感じとり，それが「学ぼう」という姿勢につながっている。周囲の人との関係の中で，みずからの役割や，今後の役割について意識し，それが，学習への積極性につながっているといえる。

(3) 課業的側面・組織的側面

　次に，課業的側面・組織的側面から職務満足への関係を確認する。まず，組織における仕事のやり方（課業的側面）や組織の状況・文化（組織的側面）を学ぶことの一例について，経験10年目の教師は次のように発言している。

　　大きなことを物申すときって，「そこが動かないと物事が動かない」って部分，あるじゃないですか。誰が誰に言ったらうまくいくとか，人間関係も結構あるから，うまくそこを利用して言うっていうのは大事。知らないと言えない。

　この発言からすると，その組織における意見の通し方を学ぶうえでは，その組織における「人間関係」を知ることが重要であり，そういった関係を「利用」することが，「物事を動かす」うえでの鍵になっているという。組織の状態を理解し，そこでのふるまい方を知ることの重要性の一端を示しているといえるだろう。みずからの想いを実現することは，その組織で仕事をするうえでの職務満足にとって重要であると考えられる。

　こういったことに限らず，組織の文化や人間関係を前提とした行動様式，つ

まり，組織におけるふるまい方などを身につけた教師のほうが，日々の仕事をスムーズに進めることができ，不満を感じにくいのではないだろうか。定量的調査の結果が示している通り，また，これまで，他の職の組織社会化における知見と同様に，組織社会化は日々の職務満足につながるものと考えられる。

6-5 まとめ

以上のように，若手教師については，みずからの役割や今後の役割について理解しやすい状態にあることなどが組織社会化に影響し，それが職務満足へとつながることがわかった。一方，これまで教師の社会化研究として中心的に行われてきた職業的社会化研究では，教師として求められる役割と自我イメージとの間で葛藤が生ずること（今津 1979）などが示されていた。やはり，教師として求められる役割と組織の一員として求められる役割とで異なる性格をもっている可能性が示唆される。本章の分析は，職業的社会化と組織社会化を同時に分析して比べたものではないが，これまでの知見などを含めて考えると，教師としては教壇に立ったその日からある程度明確な役割を意識しており，そこと自分のギャップを埋められるかどうかが適応のポイントになる。一方，組織の一員としては，まず求められる役割を理解できるかどうかががポイントになる可能性があるのではないだろうか。こういった点についてより深く理解するためには，より精緻な分析が必要となる。しかし，ひとまず本章においては，今後の役割などについて理解しやすい状態にあることが，新人の組織社会化を促し，そして，それが職務満足に寄与していることが明らかになったといえる。

第7章 若手教師が抱える困難
——参入時の困難経験

町支大祐

　ここまで，教師になる前や，教師になったことによる参入の段階での出来事を分析してきたが，本章では，若手教師としてキャリアを積んでいくうえでの「困難な経験」について取り上げる。若手教師がキャリアの初期に直面する困難の傾向や，乗り越えることで成長につながった困難などに着目する。

　後者の意味での困難については，「一皮むける経験」という見方もできるであろう。教師のキャリアに限らず，キャリアと成長についての研究によれば，働く人のキャリアには「一皮むける経験」があるという（金井 2002）。「一皮むける経験」とは，もともとは「量子力学的な跳躍となった経験」であり，「漫然と漸進的にずっとゆっくり進むのではなく，ここぞというときに大きなジャンプがある」というイメージが込められている。この経験に含まれる要素について，「疑問・軋轢・不安・尚早・もがき・落胆があり，摂政・妥協・調和・和解・協力があ」ると考えられる（金井 2002）。そこには，仕事におけるドロドロとした部分，困難に対峙し，その中でもがきながら何かにたどりつくというイメージが表現されている。

　この点，教師にとってはどうであろうか。おそらく，教師においても「困難」やそれを「乗り越えた経験」は，キャリアになんらかの影響を及ぼしていると考えられるだろう。

　例えば，こんな経験はないであろうか。校内の研修において，あるいは，居酒屋での懇親会において，ベテラン教師が過去を振り返って語るとき，そこで語られるのは，なんらかの成功体験であろうか。むしろ，「あのときのクラスはヤンチャな子が多くて…」とか，「当時の主任とうまくいかなくてさ…」といったような，「苦労した経験」や，あるいは，その「苦労を乗り越えて何かを達成した経験」が多いのではないだろうか。もちろん，そこにはいわゆる苦労自慢も多分に含まれていると考えられる。しかし，そのような苦労した経験がキャ

第7章 若手教師が抱える困難 —— 参入時の困難経験

リアにとって重要な節目の1つになっている可能性は高いであろう。

本章では教師が経験する「困難」や，「それを乗り越えた経験」について分析する。

7-1 若手教師が経験する困難

近年は若手教師にとって受難の時代である。かつてに比べて若手の離職率は高まっており，メンタルヘルスを悪化させる教師が増えていることも，それを如実に表している（和井田 2012）。本章の冒頭で述べたように，若手にとって「困難」とは成長の糧になるものでもあるが，当然のことながらキャリアに危機をもたらすものでもある。

ここではまず，若手教師が直面している困難そのものに目を向けたい。若手教師は具体的にどのような困難に出会っているのであろうか。図7-1は，【経験2年目教師調査】において，「あなたが経験した困難・課題」について質問し，「5 あてはまる」から「1 あてはまらない」の間で回答してもらった結果である。

これによれば「子どもの能力差に対応すること」や「子どもの集団をまとめていくこと」など子どもの集団に関連する部分と，「適切な発問をして子どもの思考を発展させること」や「教材研究を深めること」「授業全体を組み立てて，展開すること」などの授業に関わる部分の値が高くなっている。

例えば，ある教師は，授業の中で「子どもの能力差に対応する」ことに難しさを感じた経験について，次のように語っている。

> 算数とか，特に差を感じるんですよね。（略）5年生，内容が難しくなってきて，ただでさえフォローできなくなってきて全体が見えにくい部分って大きくなったように思います。できるだけ，いちばん遅い子ができるまでいろいろ待ったりするんですけど，そこまで待ってると授業が進まないんですよね。

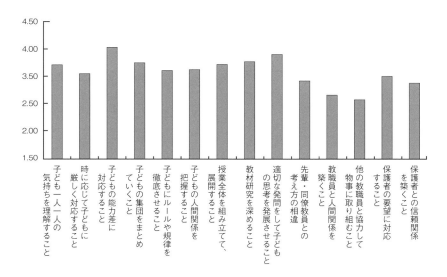

図 7-1 2 年目の教師が感じた困難

　この教師は，直接的には授業の進度に関わる難しさを指摘している。学級内に能力差がある場合，どのレベルに合わせて進度を考えるかは難しい問題である。能力の高い，進度の早い子に合わせれば，進度の遅い子は置いていかれる可能性があり，また，進度の遅い子に合わせれば，この発言のように全体が「進まなく」なってしまう，あるいは，進度の早い子が退屈してしまう可能性も考えられる。こういった悩みは，多くの教師が抱えるものでもある。例えば，山﨑（2002）は，そのライフコース研究において，教職に就く以前と以後で比較して大きな落差を感じた点，いわゆるリアリティショックについて分析しているが，その中で最も多くの者が感じた点は「子どもの能力差」が「予想以上に大きい」（山﨑 2002）ことだとしている。本調査においても，「子どもの能力差に対応すること」に困難を感じているものが多くおり，その背景にはこのリアリティショックもあると考えられる。

　こういった能力差に対応することとも関わるが，様々な個性や背景をもった子どもたちを集団としてまとめていくことは容易でない。経験 4 年目のある教

師は，「クラスをまとめること」の困難について，次のように発言している。

> （ある子が）クラスでレクリエーションしたいとかっていったときに，子どもたち（をまとめていくこと）がうまくいかなかったり（したんですよね）。話し合いで文句ばっかり出ちゃって。よい意見を出そうっていうよりは，それだめじゃん，それだめじゃんみたいな感じになっちゃうことがあって，（自分はそれに対して）何も声かけできないまま流れちゃって。

この教師は，ある子のレクリエーションを行いたいという想いを実現させたいと考えつつ，周囲の子からの反対が出た状態に対して，うまく「声かけ」ができなかったと述べている。クラスをまとめたいという想いがありながら，結果としてそれができなかったことに対して，無力感を感じていると推察できる。

また，図7-1を確認すると，このような，子ども集団に対応することの困難とともに，「適切な発問をして子どもの思考を発展させること」や「教材研究を深めること」「授業全体を組み立てて，展開すること」など，授業をどのように行うか，という点についても困難と受け止められている傾向が強いことがわかる。

授業に関する困難に対して，ある若手教師は，「初めての学年をもつときは，いつもどうすんだろうって（気持ちに）なります。全部の授業で苦労しました」と述べている。これは，一見大掴みな発言ではあるが，あながち誇張でもなく，若手教師の状態をよく表しているともいえる。ある調査によれば，若手教師のうち，授業づくりに苦労した経験のあるものは7割にのぼる（教育調査研究所2008）。

その授業における困難の中でも，本書の調査においては，発問し思考を発展させていくことが最も大きな困難であったとの結果が出ている。丸野（2005）によれば，発問とそれへの反応を生かして授業を行っていくには「状況依存的な多様な教授技法を試みる」ことが必要であり，それを実施するにはかなりの技量が必要であるとされている。例えば，ある若手教師は以下のように語って

いる．

> 　<u>子どもの反応をどう引き出そうか</u>っていうときに，クラスによっては，（何かを）<u>聞いてみても</u>（怪訝な顔をしながら）<u>「ん？」っていう表情になったり</u>したことがあるんですよね．（略）終わった<u>後から考えた</u>ことなんですけど，算数って，耳からだとわかりにくくて，<u>視覚的に見せたほうがわかりやすかった</u>んじゃないかなって思います．

　ここで語られているのは，子どもに発問することによって，「反応を引き出そう」としたもののうまくいかなかったという経験である．この場合，前述の丸野の指摘に則れば，子どもたちが「ん？っていう顔」になったときに，他のやり方，例えば，本人が述べている通り，図などで伝えるなどの手法を試みることが必要であった可能性がある．しかし，そういったように発問を活かしながら，反応に応じて授業を展開することは，容易なことではなく，この教師もこの点に苦労したと考えられる．
　また，授業を組み立てるということは，そういった即興的な反応をすることも想定に入れながら，カリキュラムや授業方法に関する知識などを総動員しながら，複合的に授業をデザインすることである（吉崎 1997；藤江 2006）．これは，若手教師にとって生やさしいものではないであろう．
　以上，定量的調査とインタビューデータをもとに，若手教師が直面している困難に焦点をあててきた．改めて振り返ると，若手教師が抱える困難とは，子ども集団に対応することや，授業づくりとその実施に関わることなどが中心であることが見えてきた．

7-2　困難を乗り越えた経験

　前節で見たように，若手教師は，子どもに関すること，授業に関することなどを中心に，様々な困難に直面している．当然のことながら，それらすべてが

第 7 章 若手教師が抱える困難 ── 参入時の困難経験

成長につながるとは限らない。困難を受け止め，それを乗り越えられた経験もあれば，その困難に苦悩し，なんらかの理由でそれが過ぎ去るまで，乗り越えられずにいるということもありうるだろう。しかし，ここでは，困難経験と若手教師の成長という観点から，「乗り越えることで成長につながった経験」に着目する。

そこで，「困難を乗り越え，成長につながった経験」についての質問の結果を分析する。【経験 11 年目教師調査】において，そういった経験があるかないかを尋ねたところ，188 人中 182 人が「ある」と答えた。全体の実に 97% が困難を乗り越え，成長した経験があると認識しており，かなり高い割合であるといえる。

次に，その「ある」と答えた教師に，「どのような職務」で困難を乗り越え成長につながったかを尋ねた結果が図 7-2 である。

全体的に見ると，やはり課題のある子どもの指導や学級指導，教科指導などの項目をあげた割合が高い。前節での経験 2 年目教師への質問は「経験した困難」であり，ここで行った質問である「乗り越えることで成長した困難」とは問うていることが異なる。しかし，困難というくくりで見るのならば，やはり，

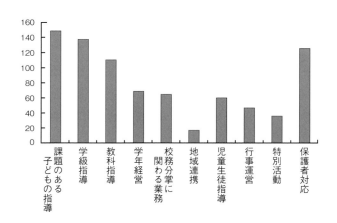

図 7-2　乗り越えることで成長につながった困難

日々の子どもを前にした実践を共通してあげる教師が多いことがわかる。また，それに加えて，特に，「乗り越えることで成長した困難」については，保護者対応についても高い値を示していることがわかる。

第1章でも見たように，近年，保護者と教師の関係は，社会的に見ても困難な状態であるといえる。この関係について長らく研究を続けてきた小野田（2012）によると，「教職員にゆとりがなく，児童・生徒と向き合う時間が減少しつつある一方で，保護者などからの要求や要望は多様化・複雑化し，時には無理難題のような形へと発展し，学校は困惑し立ち往生することも多くある」という。そして，「いま全国の多くの学校で，保護者とどのように向き合うか，諸要求にいかに応えるかという「保護者対応」は，いじめ・不登校・校内暴力といった教育問題と並んで，緊急課題の一つとなっている」。

本書に関わるヒアリング調査においても，若手教師が保護者対応に困難を感じている姿は散見された。ある若手教師は保護者対応の難しさを次のように表現している。

> （対応の）難しい保護者の方を受けもつことが多くて…。やっぱり，言葉の細かい部分で誤解が出てしまうことがあるんですよね。一生懸命言って説明するんだけれど，お母さんの中で新しく聞いた言葉だったり，マイナスな言葉（だけ）がポンってとられちゃう（＝受け止められる）ことがあって。（略）「私ちゃんと説明したのに」って思ってたんです。

この教師のように，保護者に対する連絡や説明のしかたの中に難しさを感じる教師は多いのではないだろうか。この教師の場合は，次のように考えることが，それを乗り越えるうえでの1つのきっかけになったという。

> 保護者対応に気持ちがやられると，すごくその<u>保護者のことで頭がいっぱいになるんですよね。</u>けど，やっぱり自分のクラスを見たときに，朝の子どもたちを見たときとかに，子どもがニコニコしてこっちを見てれば

第7章 若手教師が抱える困難——参入時の困難経験

オッケーなんだって思ったんですよね。（逆に言えば）あ，<u>自分のクラスの子のほうに気持ちがいってない</u>んだなってハッとしました。

このように考えることによって，ある意味で余裕が生まれ，保護者との対応のしかたにも変化が生じたという。

　（最初は，自分の説明を）わからない親が悪いじゃん，てそれに怒ってたけど，<u>やっぱり，自分の意図したことを伝えられなかった時点で，まずは謝るしかない</u>なってなりました。そうしないと，<u>もう1回伝えようとしても，ケンカにしかならない</u>。向こうも受け止められないから。「うまく伝えられなくて申し訳なかったです」って言うと，「じゃあ先生，もう1回説明して」っていうふうになってきたのかなって。（その結果，）この学校に来てから保護者とうまくいかなかったことはないですね。

この発言にもあるように，考え方を変えることによって，保護者とコミュニケーションをとるうえでの，ある意味での「コツ」のようなものを掴むことができたという。かつての困難経験を経てこのようなコツを得ることができたわけである。

　保護者との関係については，慎重に捉える必要があるが，教師にとって大きな困難であることは間違いない一方，前述のデータによれば，そのような経験を経て「成長した」と捉える教師もいることがわかる。もちろん，これは，そういった困難を経験したほうがよいという意味では断じてない。ここでは，困難の程度は問うていないこともある。保護者との問題を理由として，そのキャリアに危機が生じるほどの困難に直面している教師が多くいるということをふまえつつ，それを（あるいは幸運にも）乗り越えた教師の中には，乗り越えたことで成長したと感じている教師も一定程度いることは，データから見てとることができる。

　次に，「悩みや困難を乗り越える」うえで，最も支えになった人についての

調査結果も見ていくことにする。図7-3がその結果である。これによれば、すべての項目において先輩教師の割合が最も高くなっている。これまでも、例えば、教師に関わるメンタリングの研究などにおいて、メンターとして適しているのは「斜め上の先輩」とされている。この調査においても、若手教師が成長するうえで、特に、困難を乗り越えて成長につながるような経験をする場合において、やはり、最もその支えになるのは先輩教師であるということがわかる。例えば、ある若手教師は、クラスに課題のある子どもを抱えていた際、先輩との間で次のようなやりとりがあったという。

　　子どもとうまくいかなかったときに、ある先生に、「今こういう状態でこういうやりとりをして、こういう反応だったんですよ」って言ったら、

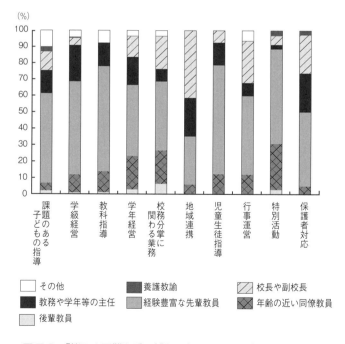

図7-3　「悩みや困難を乗り越える」うえで最も支えになった人

第7章 若手教師が抱える困難——参入時の困難経験

> わたしに「こういうことが足りかなかったんだよ」とか,「こういう声かけをしてほしかったんだと思うよ」って(教えてくれた)。休み時間に,(その先生を)つかまえて,聞いてくださいって相談したんです。こっちは切羽詰まってたので。(そしたら)休み時間,5分話を聞いてくれて,その後何日か後に,「飲み行くよ」って連れていってくれたんですよ。

このような日々の実践の中での相談などが,若手教師を支えているのであろう。同様に,授業に関しては,次のような話があった。

> 授業で悩んでいるときに,同じ学年組んでる先生に相談して授業を見てもらったら,「あれじゃあ(指示の)意図伝わんないよ。あれじゃ,わたしでもわかんないわ」って言われて。(略)でも,(その後)「言い換える」ことが少しずつできるようになってきたんですよ。(うまく伝わらなかったときに)こう言ったら伝わるかなと思ってちょっと言い方変えてみたりとか。先輩の先生が授業研で言ってるのを見て,「こういうふうな言葉を使おう」と感じるときもあって,語彙力が増えました。例えば,国語の作者の意図を問うようなとき,「これってどういうこと?」って聞いていたんですけど,「そんなんじゃわかんない」って(先輩からコメントをもらって,)そういうときは,「前の文章にもどって,こうでこうだったんだけど,みんなはどう考える?って言いなさい」というようなアドバイスをもらったこともありました。

先輩とは,身近にいて,気軽に(例えば,最初の発言の場合には休み時間に)コミュニケーションできる存在である。それでいて,経験やスキル(例えば,言い換えの「引き出し」)をもっている。このような点が,先輩から支援を受けやすいことの1つの要因かもしれない。

次に,校長や副校長からのサポートに目を移す。「乗り越えることで成長につながった」と感じるものが多かったものの中で,校長や副校長らが支えに

なったと答えた割合が比較的高いのは,「保護者対応」である。これについても,例えば,ある若手教師は以下のように話していた。学級経営がスムーズにいかず,保護者との関係もうまくいっていなかったときの話である。

　保護者の方がお子さんをすごく心配されてたときに,(校長先生が)<u>クラスの状況とかを直接話してくださったり。校長先生が電話を受けて話してくださったり</u>とか。あと,保護者同士が話し合いをしたいっていうときがあったんです。そのときには<u>間に入ってくださって。一緒に席をもってくださって</u>。話があっちへこっちへいかないようにしてくれて。最後に一言添えてくれたり。

上記発言より,校長は教師と保護者との間に入ることで,その関係をうまく繋いでいるようすが見える。この経験の中で,若手教師は次のようなことを学んだという。

　子どもと一緒で,何がダメだったって過去のことを振り返るんじゃなくて,これからどうしていくかを,こっちが先に向けていくとか,一緒に,保護者の方と一緒にやっていきたいっていう姿勢でいるっていうこと(を教わった)。

前述の小野田(2012)においては,社会的に「一緒になって考える動き」が出てくることが共同理解にいたるうえでの鍵になるとされている。それぞれの教師においても,保護者との協働関係に結びつくような気付きを得ることが,1つの重要な転換になっていることもあるのだろう。この事例の場合には,管理職からそういった学びを得たと考えられる。

他には,そもそも件数は少ないものの,校務分掌や行事運営,地域連携についても,管理職が支えになった割合が高くなっていることがわかり,多様な経験から教師が成長していることがわかる。

第7章 若手教師が抱える困難 ── 参入時の困難経験

7-3 まとめ

　本章では，どのような困難があるのか，あるいは，乗り越えることで成長につながった困難は何か，そして，その際に支えになった人は誰か，といった点について，質問紙調査およびヒアリングの結果を用いて分析を行った。

　本章の調査の対象となった若手教師においては，子ども集団に対峙しており，日々の授業の中に困難があり，「乗り越えることで成長につながった困難」も，そういった日々の実践の中にあるといえる。そのような困難に対峙するうえで支えになったのは，身近にいて相談しやすい先輩の存在であった。

　また，保護者対応における困難も，乗り越えることで成長につながったと考えている教師が多数いた。そういった困難に関しても，身近な先輩の支えが助けになったと考える者が多いが，同時に，主任や管理職などの教職経験の長い先輩らの支えが重要であったと答える者も多かった。

　まとめて言えば，若手教師は多様な困難に直面している一方，その中には，「成長につながる困難」もあり，その場合においては，身近な先輩を中心として，状況によって，異なる立場の教職員が支えに入るような，そういった関係が重要であることがわかった。

　ところで，最後に，次の点を改めて確認しておきたい。保護者に関わる困難についてすでに述べたことであるが，本章の結果は「困難があればよい」という意味ではない。困難経験が「一皮むける経験」となるには，十分なサポートが必要である。困難を経験し，それを乗り越えられるような環境，支援が重要であることは，本調査の結果を見ても明らかであろう。また，経験の質自体も重要になってくる。単なる教師を追いつめるような困難に関しては，そのような状況を生じさせない構造や環境の構築も必要である。

第8章 初めての異動
——初任校から2校目への環境変化

町支大祐

　「異動は最大の研修である」という言葉がある（例えば，大阪府教育委員会 2008）。つまり，異動は，職能成長につながりうる最大の機会，という意味である。この言葉を聞いて，「その通りだ」とストレートに受け止められる教師はどの程度いるであろうか。というのも，少し考えてみれば，事はそんなに単純でないとわかるはずである。異動とは，言うまでもなく配置転換のことであり，それは，単に勤務校が変わることにとどまらない。管理職や同僚，児童生徒，学校文化や価値観等を含め，多くの環境要因が一度に変わることを意味している。それらへの適応が簡単なものでないことは想像に難くない。もちろん，異動をきっかけとして成長していく教師が存在することはこれまでにも報告されている（例えば岸野・無藤 2006）が，それと同時に，その環境変化にさらされ，苦悩する教師が発生する可能性もあるのではないだろうか。

　本章では，これらの点に着目し，異動という環境変化が教師に与える影響について検討していく。そこで，まずは，これまで，異動の影響についてどのようなことがいわれてきたかを確認していくこととする。

　冒頭であげたように，「異動は最大の研修である」という言葉は様々な場面で使われている。異動によって環境が変化し，新たな特性をもった子どもに出会うことは，経験の「幅」が広がることと捉えることができる。このような認識に立てば，異動を経験することは熟達にポジティブな影響を与えると考えられる。川上・妹尾（2011）によれば，経験年数が同程度の教師において，異動を経験した回数の多寡に基づいて能力の自己認識を比較すると，経験回数が多いほど能力を高く認識していることがわかった。

　しかし，一方で，異動が教師のキャリアに危機をもたらす可能性を指摘する声もある。平成25年3月に公開された文部科学省（2013）の報告書によると，精神疾患により休職している教師の約半数は，異動後2年以内にそのような状

態に陥っていることが報告されている。また，精神科医として教師のメンタル面のケアに関わってきた中島（2006）は，精神科に受診する教師のうち異動1年目の者が圧倒的に多いことなどから，異動は「メンタルヘルスの分水嶺」であると指摘している。

これらの指摘からもわかる通り，異動に伴う環境変動は，ポジティブにもネガティブにも影響しうるものであり，教師に様々な「揺れ」をもたらすものである。

8-1　初めての異動

さて，本書は，キャリア初期の教師を分析の対象としているが，若手教師が経験する異動は，前節で見てきた異動とは若干異なる可能性もある。というのも，それが，「初めての環境変化」だからである。子どもが変わることも，同僚が変わることも初めてだからである。前述した報告書や研究等は，初めての異動とそれ以後の異動を区別しているわけではない。初めての異動においては，その影響がよりラジカルに表れる可能性もあり，また，別の様相を呈している可能性もあるだろう。

そこで，本節では，同じ経験年数（6年目）で異動を経験した群と経験していない群について，比較を行うこととした。横浜市では，初任から異動するまでの期間は，標準で4年とされている。校長の具申により，それを前倒しすることも延伸することも可能であるが，全般的にはその前後で異動する者が多い。実際，【経験6年目教師調査】において異動経験の有無を質問したところ，有効回答349のうち，異動経験者が172，未経験者が177であり，ほぼ同数であった。そこで，異動を経験する前の者と，経験済みの者とがどのように異なるのかを調べるため，両群について，いくつかの変数の平均値の比較[1]を行った。比較に用いたのは，バーンアウト（情緒的消耗感）と，教師効力感（授業，学

◆1　t 検定を用いて異動経験ありと異動経験なしの者で比較を行った。

級経営，保護者，校務分掌）である。その結果を表したのが，図 8-1 である。

まず，バーンアウト（情緒的消耗感）は，異動を経験したグループのほうが有意に値が高かった。教師効力感については，その多くで，両グループ間に有意な差はみられなかったが，学級経営に関する効力感のみ，異動後のグループのほうが有意に低い値となっていた。

もちろん，これは単なる平均値の比較であり，異動経験の有無との因果関係を表すものではない。が，少なくとも，異動を経験したグループのほうが，精神的な消耗の値が高く，一部の効力感は低くなっているため，どちらかというとネガティブな傾向がみられている。これまでの研究からも示された通り，異動という経験を重ねていくことは経験の幅の広がりにつながり，成長の後押しとなる可能性もあるが，「初めての異動」はどちらかというと負荷の側面が強い可能性も示唆された。

ところで，この分析においては異動という経験を一様のものとして捉えているが，実際は，異動に伴う変化は多様である。例えば，勤務地が居住地から近くなる異動と，遠くなる異動とでは，その影響が同様であるとは限らない。異

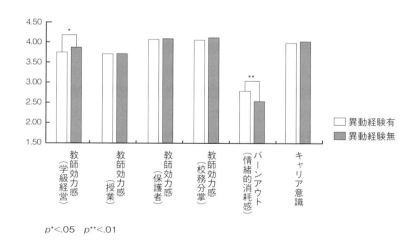

$p^*<.05$　$p^{**}<.01$

図 8-1　異動経験有群と無群

動に伴ってどのような変化が起こるかによって，その影響も多様であると考えられる。次節では，その関係について詳しく分析を行っていく。

8-2　環境変化とその影響

(1) 何の変化が教師に影響を与えるのか

　ここでは，異動に伴う環境の変化をより細かく捉えていくことによって，異動の影響についてもより深く考えてみることにする。この「どのような異動がどのような影響をもたらすか」という関心に基づいた研究はこれまでにもいくつか行われている。例えば，南本（1984）は異動に対する教師の認識を調査し，多くの教師が，規模や立地など条件の異なる学校の間で異動するほうが力量向上につながりやすいと考えていることを示した。また，川上・妹尾（2011）は，いわゆる「へき地校」を経験することが自己効力感の伸長につながることを明らかにした。

　このように，これまでは，規模や立地に係る変化が当人に与える影響について分析が行われてきた。しかし，教師にとって，学校の環境を表す軸は「立地」や「規模」などに限られるものではないだろう。むしろ，より大きな影響を与えうるのは，教師が日々対峙する児童・生徒（と，その傾向）が変化することではないだろうか。例えば，ライフコース研究によれば，成長につながる経験として，「へき地校や少人数学級等での指導」と並んで，「非行等問題行動を起こす子どもとの出会いと交流」があげられている（山﨑 2002, 2012）。このことに鑑みれば，問題行動に出会いやすいかどうか，つまり学校が「荒れているかどうか」といった点も，分析の対象としていく意味があるのではないだろうか。

　そこで，本節では配置転換に伴って「荒れ」度合の異なる（あるいは，等しい）学校を経験することが，その教師にいかなる影響を与えるか，という点について分析していく。

(2) 荒れの変化と能力観

上記の関心から，本節では荒れ度合の変化を独立変数とする。荒れとは，松浦・中川 (1998) によれば，「子供たちの攻撃行動によってもたらされる学校・学級規範への逸脱ならびに日常の教師の教育活動の機能不全の状態」と定義されるものである。明確な基準はないものの，教師に対する反抗や，他の児童・生徒に対する暴言・暴力，器物損壊，教室を抜け出しての徘徊など，様々な問題行動が頻発する状態を指している。このような，荒れた学校に赴任し，そこでの勤務を経験すること，あるいは，そこから離任することなどが，教師にどのような影響を与えるかを分析する。

その影響を受ける部分，つまり，従属変数として設定するのは教師の効力感である。これらの変数を用いたうえで，分析の枠組みを図8-2のように設定した。

最初に，「初任校の荒れ」得点について，平均を基準に二分し，高い点を得た学校を「荒れた学校」，低い点を得た学校を「落ち着いた学校」と峻別した。同様に「2校目の荒れ」得点に基づき，2校目についても「荒れた学校」と「落ち着いた学校」に二分した。

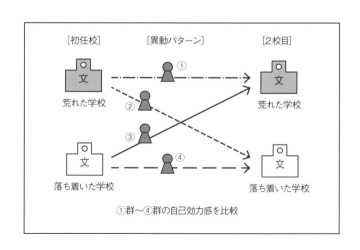

図8-2　分析の枠組み

第8章 初めての異動──初任校から2校目への環境変化

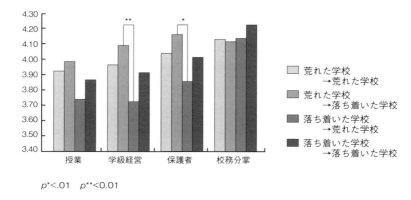

$p^* < .01$ $p^{**} < 0.01$

図 8-3　異動パターンと教師効力感

　そのうえで，その分類に基づき，異動パターンによって教師を4つの群に分けた。すなわち，①［荒れた学校→荒れた学校］，②［荒れた学校→落ち着いた学校］，③［落ち着いた学校→荒れた学校］，④［落ち着いた学校→落ち着いた学校］のそれぞれを経験した4グループである。
　そして，最後に，グループの間で教師効力感の平均を比較し検討を行った。その結果を表したのが，図 8-3 である。
　グラフを概観すると，授業・学級経営・保護者対応の各効力感について類似する傾向があることがわかる。［荒れた学校→落ち着いた学校］群が最も値が高く，［荒れた学校→荒れた学校］群と［落ち着いた学校→落ち着いた学校］群はほぼ4群の平均値前後で変わらず，［落ち着いた学校→荒れた学校］が最も低くなっている。差がどの程度有意であるかについては若干の違いがあるものの，共通してこの傾向をもっている。この特徴から，荒れと対峙する意味で，3つの効力感について不可分に影響している要素があると考えられる。また，［荒れた学校→落ち着いた学校］群と［落ち着いた学校→荒れた学校］との間で差が大きいことから，荒れている学校を経験すること自体もさることながら，その変化と順序が大きな意味をもっていることも推察できる。
　一方，校務分掌に関する効力感に目を移すと，これは学校の荒れとは比較的

関係が薄いことが見てとれる。若干［落ち着いた学校→落ち着いた学校］群の平均が高いものの，ほぼ同じくらいでありどの群間にも有意差は存在しない。

　これらの差は，平均値の比較であって，何かの因果を表してはいないが，次のような要因が関わっている可能性も考えられる。

　まず，授業・学級経営・保護者対応の各効力感の類似性については，小学校における担任業務との関係が推察される。先行研究によれば，「荒れ」に伴う問題行動の典型的な現れ方として「授業不成立」があると示されている（松浦・中川 1998）。また，それは問題行動をとる特定の個人のみならず，学級内で問題行動をとる生徒ととらない生徒との関係の中で発生していることも明らかにされており（加藤・大久保 2001，2006）。ゆえに，荒れに対峙するには両者を含めた学級集団全体と向き合う必要性が示唆されている。さらに，荒れに対処するうえで有効な手段の1つとして，保護者との連携をあげる報告も多い。現在の小学校においてこれらを担っているのは担任である。荒れた学校において勤務をするとき，みずからの学級が荒れている場合には直接的にこのような経験をし，また，そうでない場合においても荒れの存在を身近に感じ，学校全体においてもその兆候に敏感となり，荒れを未然に防ぐうえで上記のような点を意識しながら職務にあたることが推察できる。

　本調査の対象者においても，授業の不成立として表れる問題行動に対して，保護者の理解を得ながら，学級経営の視点から対峙していくという行動が，不可分なものとして職能成長に影響している可能性があるだろう。

　一方で，校務分掌においては直接的に関わるのは同僚の教職員などが中心であり，子どもとの関わりは間接的である。よって，荒れの影響が限定的であると推察できる。

　加えて，［荒れた学校→落ち着いた学校］群と［落ち着いた学校→荒れた学校］群との差については，次の2つの解釈の可能性が考えられる。1つ目は，荒れた学校への勤務がキャリアにおける「修羅場」として機能している可能性である。修羅場とは，キャリア発達における危機でありながら，それを乗り越えることで成長につながる経験を表している。現在荒れと対峙している［落ち着い

た学校→荒れた学校］群は危機に瀕し，一方で，荒れとの対峙を過去のこととして振り返ることのできる［荒れた学校→落ち着いた学校］群はそれを成長の糧として認識できている可能性があるだろう。

　2つ目は，教師にとって最初の異動が「支援の崖」として作用している可能性である。これまでの多くの初任研究にみられるように，初任校に勤務している間は多くの先輩教師によって支援が行われている。異動をするということは，当然のことながら，そういった先輩らとの別離も意味している。これに関連して，例えばKram（1985）は参入者とそれを支援する経験者との関係の変遷を，訓練や他の人への紹介が行われる「開始」段階，経験者がロールモデルとして機能し，参入者に対して様々な支援を行う「養成」段階，支援関係を終結させる「分離」段階，両者の関係を過去のものとして振り返る「再定義」段階の4つに整理した。この中で，最も問題に陥りやすいのが「分離」段階で，分離への準備を入念に進められる場合もあれば，異動などの組織要因によってこの段階が訪れる場合もあり，それによって参入者が過度な不安やストレスに陥る可能性もあるという。人によっては，最初の異動がこの不幸な分離段階にあたっている可能性もあると考えられる。

　加えて，異動した後の2校目では，まわりからの視線が急に変化することも多いといわれている。つまり，初任校において一通りの仕事を経験した，「一人前」として扱われるということである。例えば，ある教師は，異動後の出来事として，次のようなシーンについて語っている。

　　　この学校に来てすぐの頃，あることで「若い私たちに…」っていう言い方をしたんですよね。そしたら，すぐに主幹の先生が飛んできて，「何言ってるの？　あなたもう若手じゃないでしょ」って言われたんですよね。「そんな，「私たち」みたいに下に入ってもらっちゃ困るのよ」って言われて。そうなんだなってそのときに思わされました。

　この教師は，主幹教諭の言葉から「若手じゃなく」そして，即戦力として扱

われていることに気づかされている。そして,「下に入る」ことを「困る」と評されている。こういったように,一人前としての自分を演じざるをえない状況では,たとえ何か困ったことがあるとしても,まわりに対して支援を乞うのは簡単ではないのではないだろうか。

このように,初めての異動とは,それまでの手厚い支援者からの物理的な離別であるだけでなく,それが Kram のいう不安定な「分離」である可能性もはらみ,かつ,それをきっかけとして,一人前扱いされ,急に支援を乞いづらくなるタイミングでもあるといえる。そしてこれが,その前後で支援の状況が一変するという意味で,「支援の崖」となっている可能性がある。

本節での分析に引きつけていえば,「2 校目において荒れた学校に行く」とは,この「支援の崖」と「荒れとの出合い」が同時に訪れることを意味している。

例えば,現在教師 11 年目として活躍しているある教師は,かつて,2 校目として赴任した当初の学校の印象を次のように振り返っている。

> 本当にスーツにも子どもから落書きされるし,クラスめっちゃくちゃでした。机の上と下に段ボールでお城ができて,授業中もその中に 10 人ぐらいいて出てこなかったりして。で,気づいたらプールに裸でいたりとか。

この教師は,加えて,当初の自身の状況について次のように語っている。

> (まわりには)<u>頼れなかった</u>です。<u>ものすごく孤独</u>でしたよ。(略)<u>一人前として扱われるけど</u>,やっぱり,<u>できないことってあって</u>。結構泣いて…もう毎日泣いてました,前は。もう何を助けてもらえばうまくいくのかもわからないというか。

これまでの研究においても,荒れと対峙するうえでは,同僚と連携しながら対応することが重要であるといわれている(無藤ら 2001)ことをふまえれば,「支援の崖」と「荒れとの出合い」が同時に訪れる状況,つまり,[落ち着いた

学校→荒れた学校］のパターンを経験する者には，かなりの困難が生じている可能性があるだろう。1校目で周囲の支援を受けながら荒れに対峙し，それを過去のものとして，自信をもって2校目で活躍する場合（［荒れた学校→落ち着いた学校］群）と，周囲からの協力を受けづらくなった中で初めて荒れと出合う場合（［落ち着いた学校→荒れた学校］群）とでは，教師効力感に大きな差異があるとしても不思議はないであろう。

8-3　異動による「揺れ」とそれに対するサポート

　本章では，異動が若手教師に与える影響について検討した。これまでは，異動後の適応に対する懸念は一部示されてきたものの，全体的には，異動は「経験の幅を広げる」機会として，熟達にとってポジティブなものと捉えられることが多かった。しかし，本章で「初めての異動」に着目して分析を行ったところ，異動を経験した後の群は，経験前の群に比べて消耗感の値が有意に高く，学級経営に関する一部の効力感が低くなっていた。長いキャリアの中で，異動の回数を重ね，多種多様な子ども・保護者・同僚・管理職とともに実践を重ねていくことが，教師としてのバックボーンの広さ・奥深さにつながることはあるものの，こと「初めての異動」に関しては，その環境変化の大きさが教師にネガティブな「揺れ」を与える可能性も高いことがわかった。

　また，第2節では，異動によって荒れ度の異なる学校を経験することがどのような影響をもたらすかについて分析した。規模や立地など異なる条件の学校を経験することはポジティブなことであるということが示されてきたが，こういった点について分析されてきたことはなかった。結果，荒れた学校から落ち着いた学校に異動する，あるいは，落ち着いた学校から荒れた学校に異動するというように，変化の大きい異動を経験した群については，学級経営・保護者対応等に関する効力感に差異が表れていた。

　これらの結果からは，端的にいって，「初めての異動」が簡単なものではないことがわかる。2校目に移った教師は，1校目において，学校における物事

を一通りやってきたと考えられがちであるが，異動という環境変化に適応すること自体は初めてであって，簡単ではないのである。

一般的には，初任校においては同僚や管理職から様々な支援が得られるが，2校目に異動した後は必ずしも支援を受けられるとは限らない。そういった「支援の崖」と，新たな学校への適応というタスクを同時にこなさなければならず，かつ，そこに初めての「荒れ」との対峙という困難も加われば，一定のリスクがもたらされることは想像に難くない。

このようなことからすると，教師のキャリアにおいて，初めての異動は1つのターニングポイントとなりうるものだといえる。揺れを乗り越えて経験を積み重ねていくか，あるいは，揺さぶられたままになってしまうことも考えられる。若手教師の育成という観点からすると，初めての異動を経験した直後については，管理職や既存の教師等からなんらかのサポートをしていくことも考えていく必要があるのではないだろうか。もちろん，本章の分析は，平均値の比較を基本とし，また，荒れ度合等についても本人らの認識を基準として考えているため，得られた知見についても一定の限界が存在していることは否めない。しかし，少なくとも，そういった方向性での検討を行っていく必要性の一端は見えてきたのではないだろうか。今後は，より詳細な分析を行っていくとともに，どのような適応支援をすべきか，という点についても検討を行っていくべきだと考えられる。

(第8章は，町支大祐・脇本健弘・讃井康智・中原 淳（2014）教員の人事異動と効力感に関する研究. 東京大学大学院教育学研究科教育業績学論叢，34：143-153 をもとに執筆。)

第9章 若手教師としてリーダーを務めること ——リーダー経験

町支大祐

9-1 若手教師の「次」

第5章から第8章にかけて,若手教師になる前の出来事から,若手教師になり,学校という場に参入していく段階での経験,そして,若手教師として直面するであろう出来事などに目を向けてきた。ここまで見てきたことをふまえれば,若手教師は,学校組織に適応することや,困難を乗り越えて一皮むける,あるいは,異動によって揺さぶりを受けるといったような経験を経ながら,少しずつキャリアの階段を登っていくと考えられる。

本章では,いよいよ,若手から次の段階を見据えた出来事に目を向けていく。そのために,まず,若手教師の「次」とは何なのかを考えていく必要がある。

例えば,古屋(2011)は,教師のキャリアを若手・中堅・ベテランという段階で分け,各段階における「壁」の存在に目を向けている。また,文部科学省(1999)においても,教師のライフステージという表現のもと,若手・中堅・管理職という枠組みで各段階を捉え,そのライフステージごとにつけるべき力量が異なっているとしている。この枠組みによれば,若手の次は「中堅」という段階になる。

この「中堅」と類似した表現として,近年使われるようになった言葉に,「ミドル」がある。ミドルは,もともと,トップとボトムの間に位置するという意味であるが,現実には,ミドルが意味するものが何なのか,厳密に限定されているわけではない。その用法について整理した畑中(2013)によると,単純に年数や年齢を基準として,つまり,中堅と同様の意味で用いられることもあるという。

以上にあげた,中堅やミドルという立場,あるいは役割が,若手の先にあるキャリアであると考えられる。そこで,ここからは,それらに関する研究を参

第9章 若手教師としてリーダーを務めること──リーダー経験

照することで，若手教師のキャリアに訪れうる変化について考えていきたい。

中堅期の教師について分析した紅林（1999）によれば，中堅期の教師は，プライベートな側面において，結婚や出産・育児などを経験し，教師自身が「親の目」を獲得していく時期であるとともに，学校内では役割の変化が起きていく段階だという。子どもに対する指導のみを考えていた段階から，教師に対する指導の視点ももち，みずからのアイデンティティも問い直していく段階だと示されている。これらは，第2章で述べたライフサイクル研究等と同様に，おもに，経験年数で分類し，各段階を捉えていると考えられる。

また，ミドルについては，中堅という意味で用いる場合の他に，機能としての「マネージャー」や「リーダー」◆1に連なる形で「ミドルマネージャー」や「ミドルリーダー」の意味で用いられる場合もある（畑中 2013）。校長や管理職の意図を汲み取りながら他の教師をまとめ，うまく両者を調和させる（長瀬 2001）役割を担っており，ミドル自身がキーパーソンとなって知識創造していく（織田 2003）ことを期待されている。

以上，これまでの部分を見ると，どちらにも共通しているのは，立場の変遷に伴って移り変わる役割の変化である。一教師として，子どもに向き合い，子どもの前で活躍することとともに，徐々に，教師をまとめる立場も担っていくという変化は，キャリアの変遷の中で重要な意味をもつと考えられる。

では次に，具体的に，どのような立場になっていくことがキャリアのステップにとって大きな影響をもたらすのであろうか。前述の畑中（2013）によれば，ミドルという言葉で，主任職や主幹教諭などの立場をその基準として考える研究もあるという。例えば，淵上（2009）は，教務主任，学年主任，教科主任などの立場をミドルとして捉え，その職務について分析を行っている。柴田（2007）においては，教科主任，学年主任，分掌主任をミドルと捉えて，ミドルアップ

◆1　畑中（2013）は，金井（1998）をもとに，「マネジャー」は，バランス・現状維持を心がける「問題解決者」であり，「リーダー」は，新たなアイデアを創造する「問題創出者，企業家的人物」であると整理した。

ダウンマネジメント[2]の分析を行っている。また，山﨑・紅林（2000）や山﨑（2012）は，教職キャリアにおけるターニングポイントとして，職務上の役割の変遷に着目しているが，そこでは，やはり，教務主任や研修主任，学年主任などの立場についた者が取り上げられている。これまでの研究では，こういった立場をミドルと捉えてきた。

そして，最後に，このような立場につくことが当人に与える影響についても着目する。中堅期の研究では，役割が変わったことを「子どもとの関わり」から離れていくことと捉え（熊谷 2009），アイデンティティの問い直しが起き，自分にとっての新たな教師像を模索することにつながる（川村 2003）と指摘されている。これに関わって，様々な教師のライフコースについて取り上げている山﨑・紅林（2000）や山﨑（2012）に掲載されている次の2つのコメントを引用する。

> 教務主任を8年間務め，教師と管理者との板挟みにあい，とてもつらい8年間であったが，現在，子どもたちの前に立ち，教師の生きがいを感じている。やはり教師は，外からの実践ではなく，子どもの内側からゆさぶりをかける<u>学級担任が生きがい</u>と感じるようになった。

> 学年主任，教務主任など<u>学校を動かす立場</u>になり，より子どもたちに対しての責任が感じられるようになった。<u>学校を変えよう</u>という気持ちが大切。

前者は，主任を務めた経験をふまえながら，「やはり」「学級担任が生きがい」であると再確認している。一方，後者は「学校を変えよう」という気持ちを大切にしており，それは，「学校を動かす立場」を十分に認識したうえでの今後

◆2　トップダウンやボトムアップではなく，ミドル層が知識創造の中心となるマネジメント（織田 2003）。

を見据えた覚悟であると考えられる。立場や役割の変化が，このような，今後の自分のあり方やキャリアのあり方等を意識するきっかけになっていたと考えられる。さて，ここまで見てきたことを概観すると，役割や立場の変化が起き，そのことをきっかけとして，みずからの将来像について考え直す姿が見てとれる。教師のキャリアにとって，このような経験が重要な転機となっていることがわかる。

次節では，これを本書の対象に引きつけて考えていきたい。

9-2　若手教師のリーダー経験

これまで見てきたような点を若手教師に引きつけるとどのようなことが考えられるだろうか。つまり，若手教師と役割変化との関係である。これについては，次の可能性を指摘したい。

まずは，より小さな単位でのリーダー経験である。前述したように，これまでの研究では，教務主任など，学校全体の中でも重要な位置を占める立場をターニングポイントと指摘してきた。しかし，現在の校務分掌は，より複雑化し多様化している中で，特定の目的に沿った形での組織や，既存の分掌の中でさらに細分化された形での組織のあり方も考えられる。例えば，学校祭や運動会などの行事運営に関わる組織や，安全に関わる分掌組織の中の防災担当グループなどである。若手期においても，こういったグループのリーダーを務め，期間限定的に，あるいは，特定の目的のもとでリーダーを務めるような経験をしているのではないだろうか。

併せて，リーダーの若年齢化である。全体的な年齢構造の変化により，つまり，ベテラン層の大量退職がありつつ，ミドルや中堅とされてきた年齢層の教師の数も少ないため，上に述べたような小さな単位でのリーダー経験とともに，これまでより早い段階で主任などのリーダーを担うようになっている可能性がある。横浜市をはじめ，経験10年であれば，すでに，全体の経験年数の中間値を超えるという自治体も出始めている。そのような場合には，若手とされた

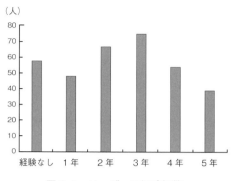

図 9-1　リーダーの経験年数

経験年数においても，ミドルリーダーとしての役割を担っている可能性がある。実際，筆者らは，各校に聞き取り調査に行く中で，経験年数が 10 年に満たない段階で，学年主任などを務める教師にも出会っている。このような変化が徐々に訪れているのではないだろうか。

　このような状況が起きているとすれば，リーダーとしての役割につくことをきっかけとして，みずからのキャリアについて考える機会が，すでに若いうちから訪れている可能性がある。

　そこで，本節では，【経験 6 年目教師調査】において，若手教師とリーダー経験自体の関係について分析する。まず，これまでに学校組織内でなんらかのリーダーを務めた長さについて質問を行った。その結果が，図 9-1 である。

　これによると，有効回答者の 81.1％にあたる 283 人がなんらかのリーダーを経験している。最も多いのが 3 年であり，採用以来，5 年間ずっとなんらかのリーダーを務めている者も 1 割強いる。どの程度の経験であるかはわからないが，全体的にいって，現在の若手教師にとってなんらかの「リーダー経験」をすることは割と身近な出来事であるといえるかもしれない。

　次にリーダーを務めた部門の分類と，経験者の数を表したのが図 9-2 である。この結果によると，教科・研究関連に 46.4％が集中しており，若手のうちに経験するリーダーとしては，これらが多いことがわかる。それ以外では，安全・

第9章 若手教師としてリーダーを務めること —— リーダー経験

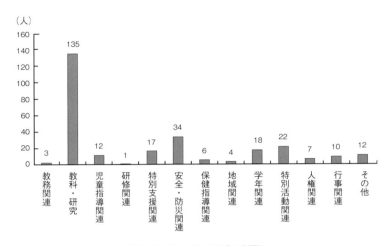

図 9-2　リーダー経験の種類

防災関連，特別活動関連，学年関連，特別指導関連の仕事でのリーダー経験が比較的多い。具体的な職名については問えていないため，学年主任であるかどうかは厳密にはわからないが，学年関連のリーダーを務めた者も一定程度いることがわかる。

　次に，リーダーを務めたことに対する満足度を尋ねたのが図 9-3 である。若

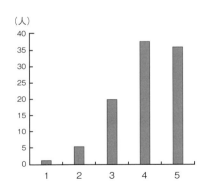

図 9-3　リーダーを務めたことに対する満足度

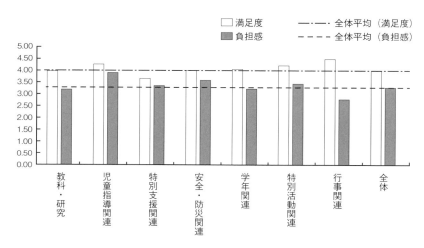

図9-4 分類ごとの満足度・負担感

手教師のリーダー経験に関わる基礎データとして示しておきたい。1「よくなかった」〜5「よかった」の5件法で尋ねた平均は4.0であり，グラフの山が右に偏っている。リーダーとして務めた経験を，多くの者が「よかった」と振り返っていることがわかる。

また，図9-2で示した質問において，10名以上の回答が得られたものについて，そのリーダー経験の満足度と負担感を尋ねたものが図9-4である。分類ごとの有意な差はなかったものの，全体の平均に比べて，行事関連は満足度が高く，負担感が低い傾向にある。一方，児童指導関連のリーダーを経験した者は，負担感が最も高いものの，満足度も全体平均より高いという結果になった。

以上をふまえ，若手教師がリーダーを経験することについて概観すると，6年目までに，多くの教師がリーダーを務めた経験をもっていることがわかった。教科・研究関連の部門が多いことや，全体としてリーダー経験に対して満足を感じている傾向にあることもわかった。

次節においては，当初の問題関心に立ちもどり，本節で見たリーダー経験が若手教師に与える影響について考えたい。

9-3 リーダー経験とキャリア意識

ここでは，9-1 節で概観した枠組み，つまり，リーダーとしての役割につくことが，将来的なキャリアを考えることにつながるという関係について分析を行う。

9-1 節で見た通り，リーダーを経験することは，教師を「まとめる」ことへの視野の広がりを意味しており，それがみずからの将来像について改めて考えることにつながっていた。若手期のリーダー経験においても，同様の効果がある可能性がある。つまり，リーダーとしてフォロワーをもつ経験が重要な意味をもつ可能性があるだろう。

同時に，そういった対他者だけでなく，対自己についても，リーダー経験が自信や自己認識のあり方に作用している可能性がある。例えば，本書の 13 章においても，メンターとしてメンティを抱えることが，改めてメンター自身にとって学び直す機会になる可能性が示されている。Feldman（1994）は組織社会化の枠組みにおいて，新たな参入者，つまり後輩を抱えることが，既存のメンバー，つまり先輩にも変化をもたらすことを明らかにした。これと類似した関係として，リーダーとしてフォロワーと接する機会をもつということは，単に「まとめる」側としての経験のみならず，自分自身についての認識も変革させる機会になりうるものだと捉えることができる。

以上から，リーダーを経験することが，後輩への関わりや自己認識に影響し，

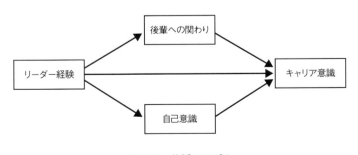

図 9-5　分析のモデル

それがキャリアへの関心へも影響すると考えられる。よって，本章では，図9-5のようにモデルを設定する。

後輩への関わり・自己認識・キャリアへの関心などはこれまで述べてきた通りであるが，リーダー経験のあり様を捉える視点として，淵上（2005）を参考とする。淵上（2005）はリーダー行動について「人間指向」「仕事指向」「ネットワーク指向」の3点を提唱している。「人間指向」は，フォロワーに対する，あるいは，フォロワー間の人間関係を重視する行動で，「仕事指向」はその分掌の職責を果たすために計画的に取り組む行動であり，「ネットワーク指向」は，管理職とのコミュニケーションなど学校内での連絡調整を行う行動である。これらの3つを，リーダー経験のあり様を捉える視点として活用する。

このモデルに基づいて，リーダー経験とキャリアに対する関心との関係について共分散構造分析を行ったところ，図9-6で示した結果が得られた。

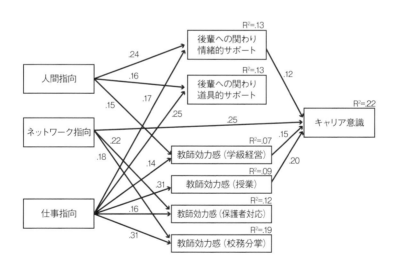

GFI=.967　AGFI=.909　CFI=.963　RMSEA=.076

図9-6　分析の結果[3]

◆3　簡便化のため，誤差と共分散，誤差相関の記載は省略している。

第9章 若手教師としてリーダーを務めること――リーダー経験

　図9-6をもとに，結果を確認していく。ネットワーク指向，人間指向，仕事指向の順に，左から右へその影響関係を確認していく。

（1）ネットワーク指向

　まずネットワーク指向について確認する。リーダーとして管理職や他のリーダーと連絡調整を行う経験（ネットワーク指向）は，直接，キャリア意識に影響している。管理職やミドルリーダーは，若手教師にとっては，ロールモデル，あるいは，アンチロールモデルになりうるものである。これらの教師と関わることでキャリアを考えるきっかけになることは，想像に難くない。ある若手教師は，管理職らと関わる中で次のような経験をしたという。

　　　副校長先生は，わからなければ，いろいろと委員会とかに問い合わせしてでも聞いてくれたんですよね。校長先生も調べてくれて，わからないときは，「じゃあ自分が（委員会に）言うよ」って言ってくれるんです。（委員会との）間に入ってくれたりとか。そういうのは，校長先生だからだなって。そこで皆が動くので。こういったことは大事なことだなって思います。

　この教師は，管理職が，自身の仕事のために「問い合わせ」をしたり，あるいは，「間に入ってくれた」という経験をした。そういったことを「大事なこと」と感じている。その中で，「じゃあ自分が」という形で，管理職がみずから役割を引き受ける姿勢を感じとっている。そして，以下の発言にあるように，自分は管理職には向いていないと考えたようである。

　　　校長に求められることって「どんとやれ」みたいなところ。教員としては，「やってみなよ」とか「言ってあげるよ」っていうのがほしいじゃないですか。その器が自分にあるかというと，（自分は）ふざけたことばっかり言ってるので，そこに重みがあるかってなると，向いてないなって。

この教師は，直接的に接する中で，問題や責任を引き受けてくれる校長・副校長に出会い，校長にはそういった姿勢が「求められる」と考えている。そのうえで，自分にはそういった道は「向いてないな」と感じている。このように，リーダーとして管理職や他のリーダーと連絡調整を行うことは，自身の今後のキャリアを意識するきっかけになると考えられる。

（2）人間指向

　次に，人間指向について確認する。リーダーとして，フォロワーの人間関係に配慮する経験（人間指向）は，おもに日常における後輩への関わり方に影響していることがわかる。後輩との関わりからキャリア意識への影響関係については次でまとめて論じる。

（3）仕事指向

　最後に，仕事指向である。仕事を管理するために，フォロワーに仕事を振ったりするような場合（仕事指向）には，各人の資質能力や現在の状態などを丁寧に見ていく必要がある。そのような経験が，ふだんにおいても，後輩の精神面等に対して細かく目を向けることにつながっている可能性がある。

　このように後輩に対して支援的に接することは，ある意味で，みずからの立場の変容を意識することでもある。13章で取り上げる，メンティからメンターへと移行することが，当人の意識に影響していたことと同様に，後輩をサポートしていくことは，自分の立場の変容を自覚する機会でもある。一定程度キャリアを積んできたことへの自覚が，さらなるキャリアの積み重ねへの意識にもつながっていると考えられる。このような理由で，後輩との関わりがキャリア意識へ影響を与えているのではないだろうか。

　さらに，仕事指向は，同時に学級経営や授業への自信にもつながっている。授業や学級経営は，学級集団の前に立って，集団をまとめていく活動である。大人をまとめる経験が，子どもをまとめていくことへの自信につながることも考えられる。例えば，ある若手教師は，大人に対するリーダーを務めることで

学んだことについて次のように語っている。

> もともと，子どもの前では緊張しなかったんですけど，人前に立つの苦手なんですよね。大人の前ってすごく緊張するんです。それが，何回も<u>大人の前に立ってしゃべることで，落ち着くようになった</u>というか。それで，<u>より一層子どもの前でも落ち着いて授業ができるようになってきた</u>かなと思います。

　授業や学級経営は，教師としての日々の業務の中心である。そういった日々の業務について自信を深めていくことは，自分の将来に対して前向きな期待を抱くことにもつながるだろう。その意味で，キャリアへの関心にも影響していくと考えられる。

9-4　まとめ

　以上見てきたように，若手期にリーダーを経験することは，様々な意味でキャリア関心につながっていた。フォロワーに配慮しながら仕事を割り振るような活動は，ふだんにおける後輩に対するサポーティブな活動につながり，そういった先輩としての立場をもつことが，立場の変容を感じさせ，将来的なキャリア像を考えるきっかけにもなっている可能性が考えられる。また，リーダーを経験することは，みずからの効力感や自信につながり，それは将来におけるポジティブな変化に対する意識につながっていると考えられる。一方，リーダーとして管理職と連絡調整を行うことは，キャリアの先達と直接的に関わることを意味しており，将来的なキャリアを考えることにつながっていると考えられる。
　以上のように，本章の調査によると，若手期においてもリーダーを務める経験が，将来的なキャリアへの意識につながっていることがわかった。
　今回の分析では捉えることができなかった点も様々に考えられる。例えば，学校組織文化や学校規模等によっても，リーダーを務めることの意義が変わっ

てくる可能性もあり，キャリア意識以外への影響も様々に考えられるであろう．このような点については，より詳細な調査が必要であると考えられる．

第10章 学校内における組織的なメンタリング——メンターチーム

脇本健弘

　第5章から第9章にわたり，若手教師の大学時代から中堅教師となるまでの様々な成長プロセスを，データをもとに確認してきた。第10章からは，第2章において「③教師の育成」として着目した部分について，メンターチームの分析を行うことで若手教師の育成を考える。第1，2章において，若手教師の割合が大幅に増え，中堅教師の割合が少ない中で，教職の多忙化が進み，従来のように同僚性をもとにインフォーマルに若手教師を育てることが難しくなっていることを指摘した。そのため，学校が組織的に教師を支えていくような仕組みをつくっていくことが求められる。

　そのような現状をふまえ，本書では横浜市で取り組まれているメンターチームを分析することで，若手教師の育成モデルを検討する。メンターチームとは，横浜市教育委員会が提唱した若手教師の相互支援システムである。具体的には，「複数の先輩教職員が複数の初任者や経験の浅い教職員をメンタリングすることで人材育成を図るシステム」（横浜市教育委員会 2011）を指している。

　第10章では，メンターチームの必要性が高まっている背景を，「メンタリング」という概念の説明を通して述べていく。そして，メンターチームがどのようなものなのか，【経験1年目教師調査】をもとに，その具体像に迫っていく。

10-1　メンタリングとは

　メンタリングの起源は，ギリシャ神話「The Odyssey」に登場するメントールであるといわれている。メントールは，王であるオディッセウスに使えており，王にとって相談者であった。その信頼は厚く，王子の育成も任されていた。久村（1997）はメントールについて次のように説明をしている。

第10章 学校内における組織的なメンタリング——メンターチーム

　　この神話の中でメントールは，オディッセウス（Odysseus）王の良き相談者かつ助言者であると同時に，王の息子（Telemachus）の教育を託されるほどの賢者であり，王の息子にとって良き指導者であり，良き理解者であり，良き支援者として役割を話した人物として描かれている。この物語を踏まえ，メンター（Mentor）ということは，今日では人生経験が豊富な人であり，指導者，後見人，助言者，教育者，または支援者という役割をすべて果たす人を意味する言葉として使用されている。

　メントールの名前からメンターという言葉が生まれ，メンターとの支援関係をメンタリングとよぶようになったのである。メンタリングは教師の分野に限らず，様々な領域で研究や実践がなされている。例えば，青年を対象にしたもの（渡辺 2009；中川 2006），看護師を対象にしたもの（妹尾・三木 2012；小野 2003）などがある。そのような様々な領域でメンタリング研究が行われている中で，経営学におけるメンタリング研究は他領域からも引用がなされている。特に有名なのが，Kram の *"Mentoring at work : Developmental relationship in organizational life"*（1985）という文献である。日本においても『メンタリング——会社の中の発達支援関係』というタイトルで翻訳がなされており，多くの研究分野で引用がなされている。教師のメンタリングについても例外ではなく，Kram を参考にメンタリングについて言及している文献は多い。Kram（1985）は，メンタリングを，先輩や上司であるメンターと経験の浅いメンティとの垂直的関係間に結ばれる発達支援関係であると定義している。この文献では，企業を対象としたメンタリングの調査を行っている。メンタリングを実施しているメンターやメンティにインタビューを行うことにより，メンタリングの機能や効果等を明らかにした。本書では Kram の成果の一部を紹介する。

　Kram は，メンタリング調査の結果，メンタリングには「キャリア的機能」「心理・社会的機能」の2つがあることを指摘した。以下にそれぞれの機能について説明を行う。

「キャリア的機能」とは，仕事のやり方や組織における昇進に関する関係性の一面性を指す。「キャリア的機能」は，「スポンサーシップ」「推薦と可視性」「コーチング」「保護」「やりがいのある仕事の割り当て」の5つの機能に分けられている。「スポンサーシップ」は，メンティを望ましい横の異動や昇進に指名する機能である。「推薦と可視性」は，メンターが，メンティに他の社員と関わる機会を与える機能である。「コーチング」は，仕事に関する知識や理解を高める機能である。「保護」は，メンティにとってマイナスとなる上司に，メンティが遭遇することを防ぐ機能である。メンティが他の上司から否定的にみられることを防ぐ。「やりがいのある仕事の割り当て」は，メンターが，メンティにとって成長につながるやりがいのある仕事をすすめるという機能である。このように「キャリア的機能」は仕事や組織に関するメンタリング機能が分類されている。

　「心理・社会的機能」とは，専門家としてのコンピテンス，アイデンティティの明確さ，有効性を高めるような関係性の一面を指す。「心理・社会的機能」は，「役割モデリング」「容認と確認」「カウンセリング」「交友」の4つの機能に分けられている。「役割モデリング」とは，メンターがメンティの手本になるということである。「容認と確認」は，メンターがメンティに対して，肯定的な関心をもつことであり，メンティに支援や励ましを与えることにつながる。「カウンセリング」は，メンティがメンターに心配事や悩みを話し，自己研鑽のための相談役となり，フィードバックや積極的傾聴により問題解決を助けることである。「交友」は，仕事上に限らず，メンターとメンティがインフォーマルな社会的相互作用を行うことである。このように，「心理・社会的機能」には，文字通り心理的なサポートや，アイデンティティに関するメンタリング機能が分類されている。

　以上のように，Kramはメンタリングにおいてメンターからメンティに対してどのような支援が行われているのか明らかにした。その後，企業に関するメンタリング研究においては，メンティやメンターに対するメンタリングの効果や，メンタリングの効果的な行い方に関する研究など様々な研究が行われるよ

うになる。また，Kram の研究にもあるように，当初メンタリングの関係は1対1で捉えられてきたが，2000年に入ると1人のメンティが様々な関係性を結んでいることに注目し，発達関係ネットワークの研究が進んでいる（例えばHiggins & Kram 2001 がある）。1人のメンティが誰とどのような関係を結ぶことで成長しているのか研究が行われている。

10-2 教師の領域におけるメンタリング

では，教師の領域においては，メンタリング研究はどのように行われてきたのだろうか。教師の領域においてメンタリング研究が始められたのは，1980年代である。その舞台は日本ではなくアメリカである。アメリカでは教師の早期離職が問題となっており，教職についた教師の3分の1が3年以内に，半数が5年以内にやめてしまうという報告がなされている（Molner-Kelly 2004；Ingersoll 2001）。特に大都市部の貧困地区ではこの傾向が顕著で，離職率を下げることは切実な課題である。この課題に関して，アメリカではメンタリングを用いて解決に取り組んでおり，1990年代には多くの州においてメンタリングが義務化されている。実際これらの効果は出ており，アメリカではメンタリングを受けた教師の離職率が改善されたことが報告されている（Johnson et al. 2005; Darling-Hammond 2003）。

このようにアメリカなど教師の職場環境が厳しい国では，初任教師にメンタリングを実施し，離職に歯止めをかけることは切実な課題であった。そのため，学術書だけではなく，現場の教師を対象にしたメンタリングの解説書や指南書，事例集などがさかんに出版されている。例えば，"*Mentoring In Action: A Month-By-Month Curriculum For Mentors And Their New Teachers*" や "*Teacher Mentoring And Induction: The State Of The Art And Beyond*" や "*A Practical Guide to Mentoring, Coaching and Peer-networking*" などといった本がある。

一方で，日本ではどうだろうか。日本においては，当初メンタリングという

言葉は使われることはなかった。第2章で述べたように，日本の学校には，同僚性文化があり，教師同士が協働して学んでいくという文化があった。後輩教師が先輩教師からインフォーマルに学ぶ風景は日常的にみられるものであり，アメリカのような諸外国と比較してメンタリングという言葉を強調する必要はなかったと思われる。

　しかし，日本においても，1980年代後半からメンタリングという言葉をめぐる状況が変化する。1988年に初任者研修制度が制定され，初任教師と指導教員の役割が注目されるようになった。また，岩川（1994）や佐藤（1997）が，反省的実践家としての教師像とともにメンタリングを紹介し，日本においてもメンタリングという言葉が用いられるようになり，その後，数は多くないものの，2000年代に入ってメンタリングに関する研究がなされるようになった。また，メンタリングという言葉は書籍のタイトルにこそ使用されていないものの，日本においても近年では初任者研修を対象としたメンタリングの方法に関する本がいくつか出版されている（例えば，高倉・八尾坂2005；八尾坂2006；野田2011など）。教育委員会も，神奈川県立総合教育センター（2007）や大阪府教育委員会（2008）がそれぞれ，「学校内人材育成（OJT）実践のためのハンドブック」や「次世代の教職員を育てるOJTのすすめ」といった資料を現場の教師向けに作成しており，学校内の人材育成，OJTの方法について，理論的実践的にまとめを行っている。その中で，メンタリングについても概念が紹介されており，若手教師の育成について具体的手法が説明されている。このように，若手教師が増えていく中で，日本においてもメンタリングを意識的に行おうとする動きがある。

　では，教師研究の領域ではメンタリングはどのように捉えられているのであろうか。メンタリングの重要性は，様々な研究者から指摘されている。日本での指摘として，秋田（2000）は，メンタリングを「専門家の育成を現場での活動の参加のなかで行う臨床的な援助の立場に立つもの」であると指摘している。また，岩川（1994）は，「日本の教育実践において，すぐれた教師の見識が伝承され，それによって創造的な教師が生み出されてきた場面には，メンタリン

第10章 学校内における組織的なメンタリング──メンターチーム

グと呼びうる熟練教師と初任教師のコミュニケーションが成立していた」と指摘している。このように，メンタリング行為は現場で行われる教師の育成方法として有効なものと捉えられてきたことがわかる。

　では，実際にメンタリングの効果はどうなのだろうか。教師のメンタリングの効果に関する研究として，1対1のメンタリングを中心に，質問紙を用いたものや実際に実践を行って観察，分析したものなどがある。例えば米沢（2011）は，初任教師に対して初任者研修に関する質問紙調査を実施し，メンタリングの様々な支援とその効果を検証し，指導教員の様々な関わりが若手教師の成長を促すことを明らかにした。また，メンタリングを観察し，その効果を検証した研究として，八田（2000）や林・生田（2002）がある。これらは，授業のメンタリングを行い，メンターとメンティが授業をともに振り返ることで若手教師の成長に寄与できることを示している。海外ではメンタリングの比較研究も行われており，メンターの有無による初任教師の熟達の度合いを調査し，メンターが初任教師の成長を促していることを明らかにしている（Stanulis & Floden 2009; Davis & Higdon 2008）。また，精神的な面についてもその効果の指摘がなされている（McIntyre & Hagger 1996; Hobson et al. 2009）。以上は若手教師（メンティ）への効果であるが，メンターである先輩教師にも効果はある。Huling & Resta（2001）は，先輩教師がメンタリングを通して，メンターの専門的能力の向上や自身の省察のきっかけになるということなどを指摘している。

　以上のように，メンタリングを行うことで若手教師の成長が促されることがわかった。しかし，上記を見ればわかるように，メンタリング研究はこれまで1対1を想定して行われてきた。しかし，年齢構造が偏りを見せ，多忙化が進む現在においては，ミドル層以上の教師が若手教師に1対1でメンタリングを手厚く行うことには限界がある。若手教師が様々な教師と関係を結び，複合的にメンタリングを行っていくという視点が必要である。例えば，海外においては若手教師が他の教師たちとどのような関係を結び，どのように学んでいるのか研究が行われている（Baker-Doyle 2011）。しかし，現在の状況では若手

教師が自然発生的に様々な先輩教師と関係を結んでいくことは難しい。そこで，上述したように，本書では，校内において複数の若手教師や先輩教師がメンタリング関係を築き，定期的にメンタリング行為を行っているメンターチームに注目した。次節ではメンターチームについて説明を行う。

10-3 メンターチームとは

1対1によるメンタリングが実施に困難を抱える状況の中で，その問題に対応する取り組みとして，組織的なメンタリングを行うメンターチームがある。上述したように，メンターチームとは「複数の先輩教職員が複数の初任者や経験の浅い教職員をメンタリングすることで人材育成を図るシステム」(横浜市教育委員会 2011)である◆1。その構成例として例えば図10-1のようなメンターチームがありうる。メンターチームは初任者から3年目までの教師が中心となり，5年次や10年次の教師が後輩に対してメンタリングを行う。メンターチームで扱われる内容は様々であり，実施する時間やタイミングなどは各学校の実情に応じて決められている。また，5年次と10年次など支援を行う人の間においても，また，初任者や初任者に近い若手教師同士においても，メンタリング行為は行われる。一方で，校長や副校長といった管理職，主幹教諭といった教師もメンターチームを様々な面でバックアップしている。それは，メンターチームの直接的な参加もあれば，メンターチームが円滑に実施できるよう環境面での支援もありうる。学校の実情に応じて様々な取り組みが行われているのである。

しかし，様々な活動が行われているというだけでは，その具体的な内容は見えてこない。そこで，メンターチームが (1) どの程度行われ (メンターチー

◆1 ただし，メンターチームの各学校における名称が様々であり，また，既存の組織がメンターチームの役割を担っている場合もあるため，近年の横浜市教育委員会の資料では，これらの人材育成組織について「メンターチーム等」という表現を用いている。本書においては，「メンターチーム」と称する。

第10章　学校内における組織的なメンタリング──メンターチーム

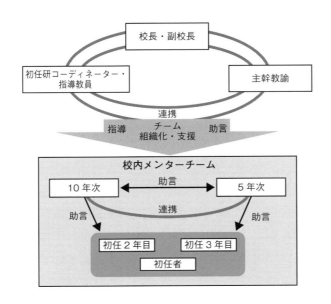

図 10-1　メンターチームの例（横浜市教育委員会 2011 を参考に作成）

ムの活動頻度・時間），(2) 何を行っており（メンターチームの活動内容），(3) どのような形式で行われているのか（メンターチームの活動形式），(4) 誰が参加しているのか（メンターチームの参加者），ということを明らかにするために，【経験1年目教師調査】において，メンターチームに参加していると回答した 261 名を対象として分析を行った。

(1) メンターチームの活動頻度・時間

図 10-2 はメンターチームの活動頻度を，図 10-3 は1回の活動時間を示している。縦軸は人数を表している。多くの学校では月に1回の開催か，月に4回以上，毎週開催していることがグラフからは読み取れ，定期的に開催されていることがうかがえる。一方で，活動時間は 30 〜 60 分が最も多く，ついで 60 〜 90 分となり，大部分のメンターチームはこれらの時間内で行われていることがわかる。これらのデータからは多くの学校が定期的に実施できているこ

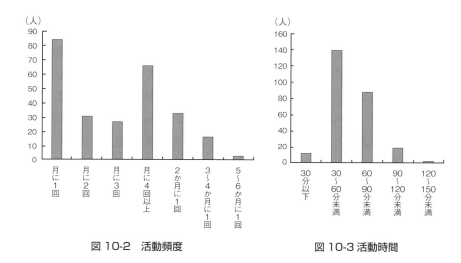

図 10-2 活動頻度　　　　　図 10-3 活動時間

とがわかる。しかし、その陰には実施のための努力があると考えられる。筆者らはこれまでメンターチームに関する観察や講演を行っていく中で、勤務時間内で継続的にメンターチームを実施していくことの難しさについて語る教師と遭遇してきた。小学校の場合、6時間授業であれば、子どもが下校するのは午後3時になってしまう。そこから勤務時間内にメンターチームを開催するには、時間の調整が必要である。ある学校では、若手教師の参加しない会議が行われているタイミングで、メンターチームを実施するなど、勤務時間内に行えるよう工夫を行っていた。また、新年度の開始時期にあらかじめメンターチームの年間活動計画を立て、何月何日の何時にやると決めてしまうことで時間を確保する学校もみられた。図 10-3 にあるように、大半の学校がメンターチームの1回の活動時間を1時間未満と答えているように、はりきって長時間やる必要はなく、短い時間でもよいのでとにかく定期的に行うことを心がけることが、メンターチームという活動を続けていくうえで重要であると考えられる。

(2) メンターチームの活動内容

次に、活動内容について確認する（図 10-4）。授業や児童理解、学級経営や

第 10 章 学校内における組織的なメンタリング —— メンターチーム

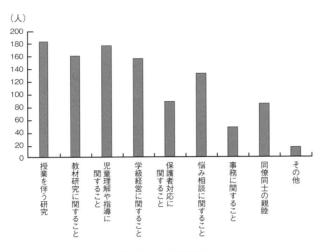

図 10-4 活動内容

教材研究など，教職の中核を担う内容については多くの初任教師がメンターチームで取り組んでいると回答している。これらの活動に関しては，校内における授業研究等においても行われてきたことであり，メンターチームにおいても教師として成長できるよう多くの学校で行われていることがわかる。一方で，メンターチームにおいて特徴的なのは，悩み相談や同僚同士の親睦の時間がとられているということである。特に悩み相談に関しては半数の初任教師が実施していると回答している。かつてはストーブを囲みお茶を飲みながら授業や子どものことなどを話す余裕もあったものの，現在のように仕事が忙しい中では，同僚同士で何気ない情報交換をすることは難しい。しかし，メンターチームが，そのような若手教師同士の会話を行う場になっていることがデータより想像できる。

(3) メンターチームの活動形式

メンターチームはどのような形式で行われているのであろうか。初任教師にメンターチームの活動形式の割合を答えてもらった。具体的には，メンターチー

10-3 メンターチームとは

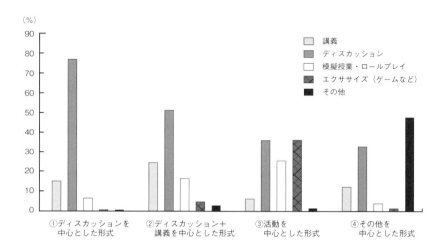

図 10-5　活動形式

ムにおいて，講義，ディスカッション，模擬授業・ロールプレイ，エクササイズ（ゲームなど），その他の形式がそれぞれ全体の活動時間の中で何％行われているのか質問した。質問の結果を，クラスター分析により分析し，メンターチームの活動形式にどのような傾向があるのか検討した。分析の結果（図10-5），①ディスカッションを中心とした形式（101名），②ディスカッション＋講義を中心とした形式（81名），③活動（ディスカッション，模擬授業・ロールプレイ，エクササイズ）を中心とした形式（22名），④その他を中心とした形式（57名）に分かれた。どの学校においてもディスカッションが多く行われ，その中で講義を行う学校や，模擬授業やエクササイズといった活動を行う学校があることがデータよりうかがえる。全体的にメンターチームは座学で何かを学んでいくというよりも，活発に活動を取り入れていることがわかる。一方で，④その他を中心とした活動の学校もあり，実際にどのような活動を行っているのか，今後調べていく必要がある。

第10章　学校内における組織的なメンタリング——メンターチーム

（4）メンターチームの参加者

　メンターチームにはどのような立場の教師が参加しているのだろうか。若手教師はもちろんのこと，ここでは若手教師から見て年の離れた先輩教師や管理職がどの程度参加しているのか明らかにする。図10-6はその結果である。実にメンターチームの半数近くで経験10年以上の先輩教師がメンターチームに参加していることがわかる。一方で，校長や副校長といった管理職の参加は少ないことがわかる。経験年数10年以上の教師や管理職がメンターチームに参加することの意義はどこにあるのだろうか。この問いについては，次の第11章や第12章で検討していく。

　このように，メンターチームは各学校で定期的に行われており，その内容も多岐にわたる。形式は座学で行われているというよりも，ディスカッションなどが中心に行われ，活動的である。

　では，このような多様なメンターチームがある中で，成果を上げるメンターチームとはどのようなものであろうか。メンタリングはただ行えばよいというものではない。

　メンタリングの成果は，メンタリングのやり方に大きな影響を受け，また，メンターのメンタリングの能力に大きく関わっている（Strong 2009）。つまり，

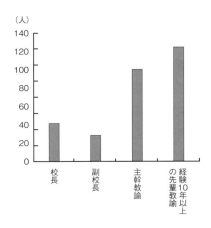

図 10-6　参加者

よい授業実践を行える教師が，必ずしもメンティの学習を適切に支援できるとは限らないのである（Yusko & Feiman-Nemser 2008）。例えば，幼稚園の文脈ではあるが，浅田（2007）は，幼稚園の教育実習の観察と分析により，従来の教育実習では，省察を行う関係ではなく，徒弟的な関係が築かれ，いつも「教えられる」という関係ができてしまうことを指摘している。もちろん知識や技術を教えることも重要である。しかし，それが過度に行き過ぎると，省察が行われなくなり，その後の自律的な教師を育てることの妨げとなってしまう。

　これらを受け，次章からは，統計的手法を活用することによりメンターチームを分析し，若手教師の成長を促すメンターチームとはどのようなチームなのかを検討する。

第11章 若手教師への効果的な支援
——メンターチームの手法

脇本健弘

　第10章ではメンターチームがどのような活動をしているのか，という点についてデータをもとに明らかにしてきた。横浜市において，メンターチームは各学校で定期的に行われ，内容についても授業に伴う研究から教材研究，児童理解や学級経営，保護者対応や悩み相談，親睦会など多岐にわたっていた。また活動形式も，座学のみならず多くの学校でディスカッションなどを取り入れ，活発に行っていることがわかった。第11章，第12章では，そのようなメンターチームにおいて，効果を上げているのはどのようなメンターチームなのか検証する。第11章においては，おもに手法に焦点をあて，どのような方法が若手教師の成長につながるのか明らかにする。また，第12章においては，管理職に焦点をあて，メンターチームにどのように管理職が関わるべきか明らかにする。

11-1　効果的なメンターチームに関する仮説

　メンターチームの効果的な手法を明らかにするために，これまで筆者らは複数のメンターチームを観察し，また，当事者らへのインタビューを行ってきた。具体的には，メンターチームの成り立ちから計画の立て方，実施方法，効果，そして，メンターチームに関する感想などについて，メンターチームの参加している教師や管理職などにインタビューなどを行ってきた。また，実際のメンターチームの活動の観察なども行ってきた。それらインタビューや観察を通して，効果を上げているメンターチームの特徴を検討し，効果的なメンターチームの要素として，以下のような仮説を立てた。

仮説1：メンターチームの実施において，先輩教師の経験談が語られることが

若手教師の問題解決に寄与する。
仮説2：メンターチームの実施において，若手教師が話せることが若手教師の問題解決に寄与する。
仮説3：メンターチームの実施において，自律的にメンターチームの活動を行うことが若手教師の問題解決に寄与する。

　仮説1に関して，教師にとって日々の授業をよりよく進めていくために，実践知を獲得することは必須であり，先輩教師の経験談を共有することは若手教師にとって大変重要であると考えられる。先輩教師のこれまでの授業や子どもとの関わり方などの経験談は，若手教師が今後の自身の授業や学級経営を考える際に参考となるだろう。
　また，経験談というその形式が重要である。人間の思考形式には「カテゴリー的思考」と「ナラティブ的思考」があり，「カテゴリー的思考」とは物事をロジカルに考え，それが正しいのかどうか検証するものであり，「ナラティブ的思考」とは，物事をストーリーの中に置いて解釈するものである（Bruner 1986, 1996）。ナラティブ的思考で他者と語りを共有していくことは，明文化が難しい実践知の共有に有効であり，Orr（1996）は，コピー機修理工たちが，修理やメンテナンス方法をマニュアルなどではなく，みずからの経験を語ることで共有していることを明らかにした。教師の分野においても同様の指摘があり，教師の専門的見識は，他の教師とのコミュニケーションに開かれることで豊かになることが指摘されている（岩川 1994）。このように，教師の実践知を後輩教師に引きついでいく方法として経験談を共有することは有効であると考えられる。
　また，学習の観点からも経験談の共有に関して指摘がある。経験学習に関する研究の中で，他者の経験から学ぶ重要性が指摘されている。松尾（2011）は，間接経験は直接経験を振り返る際に，自身の経験の意味を考える重要な要素になることを指摘している。
　これらをふまえると，先輩教師の経験談は若手教師にとって有意義であると

いえる。第1章で見てきたように，教職の多忙化により日常において先輩教師が経験談を語る時間的余裕は限られている状況である。そこで，メンターチームにおいて多様な立場の先輩教師の経験談が語られることは，若手教師が自身の問題を解決していくにあたり重要な機会になるのではないだろうか。

　次に，仮説2について説明する。メンタリングのような支援関係は，支援者が立場上，経験上ともに一段高い位置におり，非対称な関係である。そのため，支援の際は支援者が一方向的に話しがちになるという問題が指摘されている（Schein 2009）。よって，若手教師がメンターチームにおいて自身の課題を相談したくても，その行い方によっては初任教師が話を切り出せない可能性もある。実際，メンタリングが先輩教師による「型にはまった」授業方法の指導をもとに行われることが指摘されている（岩川 1994）。先輩教師が若手教師の状況を把握することは重要である。Schein（2009）は支援の際，支援者（先輩教師）は被支援者（若手教師）が自分に何を求めているのか考慮すべきであると指摘している。例えば，若手教師には児童掌握の技術不足を起因とするモチベーションが下がるクライシス期が存在し，その状況を乗り越えるために，先輩教師など身近な人に今の状況を伝えていくことが求められている（明石・保坂 2011）。そのため，先輩教師はまずは若手教師の話を聞くことで，その状況を受け止めるという役割が必要である。そして，どうすべきかを一緒に考える役割が求められる。若手教師が話せるようになることで，若手教師のニーズに応じたメンターチームを実施することが可能になり，若手教師の問題解決が可能になると考えられる。

　最後に，仮説3について説明する。メンターチームを行う際は，参加者が自律的に活動することが重要だと考えられる。仮に，メンターチームが制度としてやらなければならない義務的な研修であり，管理職や経験年数の高い教師にその運用を任せるのであれば，メンターチームも多忙感を高めるものと認識され，その効果が半減することも考えられる。また，管理職によるテーマ決めでは，若手教師のニーズとはずれたものになることも起こりうる。東京都における初任者研修の調査では，初任教師が抱える問題について，指導教員の認識と

実際の問題との間にズレがあることが指摘されている。よって，メンターチームの参加者が自律的にメンターチームを行っていくことが重要であり，そのことが若手教師の問題解決にもつながると考えられる。

また，メンターチームの観察の結果，メンターチームの活動において，経験年数10年以上の教師が参加することが，若手教師の問題解決に効果があると考え，仮説2，3において，その交互作用も検証する。つまり，若手教師が話せる環境の中で，また，自律的な運営を行う中で，さらに経験年数10年以上の先輩教師がいることで，若手教師の問題解決に，より寄与するのではないかということである。両者が合わさることの効果を検証する。

仮説を検証するため，【経験1年目教師調査】，そして，メンターチームに所属する教師を対象にしたインタビューデータ，メンターチームの観察データを用いる。

11-2　メンターチームの分析

独立変数として単項目「先輩教師の成功談，失敗談を聞くことができる」（以下「先輩教師の経験談」と記述する），「自分が話をすることができる」（以下「自身が話せる」），「活動は自律的に行われている」（以下「自律的活動」）を「あてはまる」「ややあてはまる」「どちらともいえない」「あまりあてはまらない」「あてはまらない」の5段階のリッカート尺度によって尋ねた。また，メンターチームに経験年数10年以上の教師が参加しているかどうか尋ねた。

従属変数として単項目「参加したことによって自身の問題解決につながった」（以下「問題解決」）について，「あてはまる」「ややあてはまる」「どちらともいえない」「あまりあてはまらない」「あてはまらない」の5段階のリッカート尺度によって尋ねた。

「問題解決」を従属変数とし，「先輩教師の経験談」「自身が話せる」「自律的活動」と，「自律的活動×経験10年以上の先輩教師の参加」の交互作用，「自身が話せる×経験10年以上の先輩教師の参加」の交互作用を独立変数として

表 11-1 順序ロジスティック回帰分析の結果

要因	B	Wald	p 値
自律的活動	0.908	29.660	0.000***
自身が話せる	0.488	11.170	0.001**
先輩教師の経験談	0.963	41.112	0.000***
経験 10 年以上の先輩教師の参加	-0.357	2.123	0.145
交互作用（自律的活動×経験 10 年以上の先輩教師の参加）	0.531	2.874	0.090*
交互作用（自身が話せる×経験 10 年以上の先輩教師の参加）	-0.297	1.085	0.298

Nagelkerke $R^2 = 0.374$　　　　　　　　　　$p^*<0.1$　$p^{**}<0.01$　$p^{***}<0.001$

順序ロジスティック回帰分析を行った。その結果を表 11-1 に示す。「自律的活動」「自身が話せる」「先輩教師の経験談」の各要因について有意差が認められた。交互作用については，「自律的活動×経験 10 年以上の先輩教師の参加」について有意傾向であった。「自身が話せる×経験 10 年以上の先輩教師の参加」については有意差が認められなかった。

それでは，次にそれぞれの仮説について，インタビューデータにより考察を行う。最初に仮説 1 の「先輩教師の経験談」と若手教師の問題解決についてである。ある若手教師は先輩教師の経験談の語り（子どもの発言に対してどのように反応をするのか）について以下のように話している。

> （子どもが）矢印のココとか，抽象的なことを言ったときに，「ココって何？」とか，子どものあいまいなところをもっと広げるような，「もとにする」とか言ったときに「もとって何？」みたいな（反応）。広げるために（子どもが）「そこ突っ込むんだ」っていうところを<u>マネさせてもらったりとか</u>。

上記インタビューでは，先輩教師が授業中において子どもの発言に対してどのように反応しているのか若手教師によって説明がなされている。先輩教師は

第11章 若手教師への効果的な支援 —— メンターチームの手法

日頃の授業において、子どもが抽象的な発言をした際に、他の子どもにもその発言を広げるために、その発言についてより詳しく話すよう子どもに発問している。若手教師は、そのような先輩教師の取り組み方を聞き、自身の授業でも取り入れて同じように実践しているようである（若手教師はマネという表現を使っている）。

また、以下のような若手教師の発言もある。

　　他の先生が（日頃の実践において）どんなことやるのかを簡単にしゃべってもらったときに、「自分は一発目を重視してない」と（発言していた）。学級経営も授業づくりも、一発目に大事なものを出すんじゃなくて、少しずつやっていくと。そういう考え方、今まで僕にはなかった考え方だったので。

「他の先生がどんなことやるのかを簡単にしゃべってもらったとき」というのは、メンターチームにおいて先輩教師も含めた参加者が自分の授業や学級経営のやり方を共有した場面を指している。この若手教師は、先輩教師の授業や学級経営における進め方（大事なことを最初に出すのでなく、徐々に伝えていく）を聞くことにより、授業や学級経営に関する心構えについて新たな気付きを得ることができたようである。

メンターチームにおいて先輩教師が自身の経験を話す機会をつくっていくことで、若手教師は新たな教育方法を知ることができたり、考え方を学んだりできると考えられる。それが若手教師の自身の問題解決につながっていくのではないだろうか。教職の多忙化が進み、従来であればインフォーマルな場面で行われていた実践の継承が難しくなっている中で、メンターチームがそのような機能を果たしていることが分析の結果より示唆された。

次に、仮説2「メンターチームの実施において、若手教師が話せることが若手教師の問題解決に寄与する」について考察する。以下は経験年数5年目の教師の発言である。

11-2 メンターチームの分析

<u>（メンターチームは）ざっくばらんに話せるから。この前も図工で，1年生の「おりがみをきってちょっきんぱ」（という単元がある）。「はさみの使い方ってどうだったっけ」みたいな話から，「俺ってこうでああだけど」，とか，「折るっていうのもさ」っていう話でみんなで話せて，折り紙とはさみの切るっていう単元だけでも，結構1時間くらいでメンター研（メンターチームの活動のこと），みんなでやって。で，（その後）授業見て「なるほど」ってよかったのかなって思います。学校全体の授業研の全体討議よりよいと思います。（略）だから，私はメンター（メンターチームの活動のこと）は話せるし，言ったことで，バッシングというか，きつくあたる人がいないので，言えるなって。</u>

この発言を行った教師が所属するメンターチームでは，発言に対してまわりから批判的な反応はなく，若手教師が気兼ねせずに自由に話せる雰囲気にあることが推測できる。

また，インタビューの中で話題に出ている図工のある特定の単元について話せることも，メンターチームならではといえる。ここで話している図工の単元は，狭い範囲であり，通常の研究授業や研修では時間をかけて話すことが難しい単元である。しかし，メンターチームにおいてはそのような単元においても，時間を気にせず話せることが上記インタビューよりわかる。経験学習を進めていくには，自身の経験に焦点化して振り返ることが重要である。自身が話せる環境にあることで，今自分が行っている，もしくは関心をもっている単元について語ることができ，それはその教師の経験学習のサイクルを回すことを促すと考えられる。そのような活動を通して，今後の見通しがもてるようになり，自身が抱える問題の解決につながっていくのではないだろうか。

また，以下は別の学校に所属する若手教師の発言である。

学年で困ったことがあったときに，メンター（チーム）があると助かりますね。学年でこういう仕事があって，やり方がわからないんですけど聞

第11章 若手教師への効果的な支援──メンターチームの手法

けなくて,とか。年齢の近い先生とかがメンターとかでやってくれると,この先生には「こういうふうに言ったほうがいいんじゃない？」とか,「さらっと自分でやってたたき台つくったほうがいいよ」とか。それはちょっと嬉しいですね。

インタビューより,日頃の仕事の中で,先輩教師と関わるような仕事（例えばインタビューにあるように学年での仕事）があった際に,メンターチームでそのことを相談できれば,問題の解決方法に加え,先輩教師とどのように関わればよいのかといった情報に関しても提供してもらえるのではないだろうか。そして,それらの情報により,若手教師は校内の先輩教師とうまく仕事をしていくことが可能となるのではないだろうか。

学校に着任したばかりの若手教師（特に初任教師）の多くは,校内の先輩教師とどのように関わっていけばよいかわからない状態である。何か問題を抱えていても,その問題を誰に話せばよいのか,また,ともに仕事を進めていくうえでどのように関わるべきなのか,まったくわからないことが考えられる。メンターチームにおいて年齢の近い,斜め上の若手教師が,そのような情報を提供することができれば,後輩の若手教師が仕事でどのように他の教師と関わればよいのか迷った際に,その判断を助けることができると考えられる。

このように,メンターチームにおいて若手教師が話せるということは,単に教師としての学習を高めるというだけでなく,校内の人間関係についても理解を促し,それらが若手教師の問題解決に役立っていると推測できる。

また,インタビューを続けていくうえで,若手教師が話せるということは,問題解決とは異なる観点においても効果があることが示唆された。以下は経験5年目の教師の発言である。

うちは結構リーダーがお菓子とか買ってきてくれて,美味しそうなドーナッツとか。「まあやろうよ」みたいな。「ここは,気楽に話してやろうよ」みたいな感じで。で,誰かが愚痴りだすと,「じゃあちょっとそれ聞くよ。

いいよ,愚痴先に言っちゃいなよ,その後検討やろう」といった感じで(進めます)。「下の子たちの面倒見るわ,俺」というような,たぶんそういうスタンスなので。

　このように,メンターチームが気軽に話せるという環境であれば,そこに参加している若手教師は自身の悩みを吐露することができると考えられる。第1章において若手教師が多くの困難を抱えているということは指摘した通りである。若手教師が日頃抱えているストレスを,メンターチームにおいて愚痴という形で吐き出すことができれば,精神的な負担を減らすことにもつながるのではないだろうか。

　最後に,仮説3「メンターチームの実施において,自律的にメンターチームを運営していくことが若手教師の問題解決に寄与する」について考察する。以下は経験5年目の教師の発言である。過去のメンターチームの経験を回想して以下のように語っている。

　　何を知りたいとか,何がわからないとか,何を勉強したいみたいな感じで言われて,やっぱり今年は特活わからないってみんな言うし,授業研もあるし,一斉研もあるから,特活ですかね。でも特活もそうだけど,総合とかもわかんないですけど。ってなって,授業もやんなきゃいけないし,(初任者研修の)レポートの締め切りこの辺だから,この辺までにやんないといつもぎりぎりになって,日程がしんどいじゃんって反省を出し,決めていった感じで。

　インタビューにあるように,若手教師が所属するメンターチームでは,自身がわからないことや学びたいことをもとに,何をテーマに活動していくのか決めている。また,日程も初任者研修のレポート等の締め切りなどを鑑み,参加者が無理のないスケジュールで活動していることが推測できる。
　このように,自分たちで活動内容やスケジュールを立てていくことができれ

第11章　若手教師への効果的な支援 ── メンターチームの手法

ば，若手教師が自分たちの負担なく活動を進めていくことができ，内容も若手教師のニーズに応じて取り組めると考えられる。それにより若手教師の問題意識にそったメンタリングが行え，初任教師の問題解決に寄与できると考えられる。このような自律的な活動は，自身の経験を振り返ることにつながり，若手教師の成長を促していくと考えられる。

また，分析結果では，自律的活動と経験10年以上の先輩教師の参加の交互作用項に関して，有意傾向ではあるものの，若手教師の問題解決に効果があることが示唆された。これは何を意味するのであろうか。その点を考えるうえで以下の教師の発言は参考になる。

> （例えば，メンターチームで社会科の勉強がしたいというときに）こっちとしたら，（経験豊富な先輩教師が）来てくれたら<u>専門的なことを聞きたいな</u>と思います。社会科では，地図を使います。で，地図の提示とか活用のしかたとかを。<u>私たちは「たぶんこれがいいんじゃない」とか，「こういうふうにやったときこうだったよ」とか</u>，そういうのは出せますけど，<u>「社会科ではさ，地図ってこうなっててね」とか，そういうのを言ってくれたらいいな</u>って思いますけど。

経験年数10年を超える先輩教師であれば，若手教師よりも高度な専門性をもっていると考えられる。第10章で説明したように，メンターチームは若手教師が中心であり，参加者がもつ実践知や理論的な知識には限界があると考えられる。しかし，知識や経験の絶対量が少ないことは，若手であれば当然であり，それ自体は批判されることではない。考えるべきことは，メンターチームの活動を進めていくうえで，実践知や理論的な知識が必要になった場合にその不足をどのように補うかということである。そこに経験豊富な先輩教師のメンターチームへの参加が有効であると考えられる。インタビューにあるように，若手教師がメンターチームを自律的に進めていく中で，自分たちだけでは知識があいまいな状況の中で，経験豊富な先輩教師がアドバイスすることで，若手教師

が今後どうしていくべきなのか，道筋が明らかになり，問題解決に寄与できると考えられる。

11-3　分析結果とメンターチームの活動例

　ここまで，インタビューデータを用いることで分析結果の考察を行ってきた。最後に，メンターチームの実例をあげ，分析結果に関連して具体的にメンターチームがどのように行われているのかを明らかにすることで，さらに考察を深めていく。

　ここでは，A・B小学校の事例を取り上げる。A小学校はこれまで横浜市教育委員会でも実績あるメンターチームとして紹介されている小学校である。A小学校のメンターチームでは，本章の分析により得られた結果，先輩教師の経験談の共有，若手教師が話すことができる，自律的活動が行われている，という若手教師の問題解決に寄与する3つの要素を活動の中に実際に確認することができる。

　A小学校では，メンターチームの計画を年度の初めに決めている。メンターチームのメンバーが集まり，付箋を用いて各自がやりたいことを記述し，KJ法で分析し，その結果をふまえて活動計画を決めている。それにより，メンターチームのメンバーの要望にそった活動を，年間を通して行うことができる。このように，先輩教師があらかじめ立てた計画や内容に則ってメンターチームを行うのではなく，メンターチームに参加する若手教師が，自律的に活動を行えるような工夫がなされている。

　では，A小学校における具体的な活動はどうであろうか。筆者が観察した際は，「配慮が必要な児童への対応」をテーマに活動を行っていた。活動の流れと時間は図11-1の通りである。

　活動では，参加者である若手教師が自身の問題意識について発言をし，それに応じて先輩教師の経験談が語られていた。具体的な流れとして，まず参加者には，自身の気になる子どもについて話すことができる場面が用意されており，

第11章 若手教師への効果的な支援―― メンターチームの手法

```
10分  H先生（講師の先輩教師）による発達障害の説明
30分  参加者からの報告とディスカッション
      ➡ 子どもの現状と今取り組んでいることを報告
      ➡ 対処法について参加者がコメント
        「あの子のこういう様子を見ました」
      ➡ 状況に応じてH先生がコメントと経験談
15分  ビデオを皆で視聴
```

図11-1　メンターチームの活動例：配慮が必要な児童への対応

他の参加者に現状を知ってもらうことができる。そして，報告を聞いた他の参加者は，報告があった子どもについて，それぞれの観点から情報提供を行う（例えば，「今日あの子は校庭でA君とおにごっこを楽しそうにしていましたよ」など）。また，状況に応じてH先生が発達の観点からコメントを行ったり，これまでの自身の経験談を語ったりするなど，専門的な観点からも支援を受けることができる。中原（2010）は，経験談はお互いのコミュニケーションの中で語られることが望ましいと指摘している。観察した活動ではコミュニケーションの中で先輩教師の経験談が語られ，若手教師の悩みにフィットした形でメンターチームが進んでいた。

　このように，具体例を見ても先輩教師の経験談は有効であると考えられる。しかし，一方で，経験談の共有は諸刃の剣であることを忘れてはならない。先輩教師の経験談が一方的な押しつけになってしまえば，逆効果になってしまうことも考えられる。岩川（1994）は先輩教師が型にはまった指導法をしてしまい，若手教師の成長が抑圧される場面が少なくないことを指摘しており，先輩教師が後輩教師に経験談を押しつける，また，後輩教師の関心とズレるような話を延々とするようなことがあれば，後輩教師にとって経験談を聞くことは負担になることさえもありうる。

　次にB小学校の活動を確認する。B小学校のメンターチームも，メンターチームの活動がさかんな小学校として，これまで横浜市教育委員会でも実績のある

図 11-2　ペアによる活動

メンターチームとして紹介されている。

　B小学校では，経験年数10年目の教師がメンターチームのまとめ役をしており，初任教師が話を気軽に聞ける環境の構築を心がけていた。着任当時は「若手同士の関わり合いが薄い」と感じていたため，活動において実習形式で教師同士が話をする機会をつくることにより，気軽に話せる環境を目指していた。観察時には，家庭科におけるミシンの使い方を実習形式で学んでおり，実習中は先輩教師と若手教師がペアを組み，質問がしやすい環境になっていた（図11-2）。若手教師は，先輩教師に対して，ミシンに関する質問に限らず，学級のことや授業のことなど，様々な分野について質問をしながら実習に取り組んでいた。

　以上のように若手教師が先輩教師と話しやすい環境を活動の中でつくっていくことにより，A小学校と同じく若手教師は先輩教師に自身の話をすることができ，それが問題解決につながっていくのではないだろうか。

11-4　まとめ

　本章では，メンターチームの効果的手法を明らかにするために，分析を行ってきた。具体的には，複数のメンターチームの観察やインタビューを行い，効果を上げているメンターチームに関する仮説を立て，その検証を行った。その

結果以下のことが示唆された。

① メンターチームの実施において，先輩教師の経験談は若手教師の問題解決を促す。
② メンターチームの実施において，若手教師が話せることが若手教師の問題解決を促す。
③ メンターチームの実施において，自律的にメンターチームの活動を行うことが若手教師の問題解決を促す。
④ 自律的にメンターチームを行う中で，経験10年以上の先輩教師が活動に参加することで若手教師の問題解決を促す（有意傾向）。

今後の課題として，メンターチームの調査内容をより広げることがあげられる。メンターチームの調査内容を広げることにより，メンタリングの効果的な手法についてより詳細に明らかにすることができる。メンターチームの活動形式は，講義形式，ディスカッション形式など多様な形態をとっていることが第10章にて明らかになっている。また，内容についても，授業に関することから学級経営，実技など様々なことが扱われている。それらの形態・内容が若手教師の成長にどのように寄与しているのか明らかにすることで，どのような計画のもとメンターチームを実施していけばよいのかといった有益な知見を得ることができると考えられる。

（第11章は，脇本健弘・町支大祐・讃井康智・中原　淳（2014）若手教師を対象とした組織的なメンタリングの効果的手法に関する実証的研究―小学校教師に着目して．青山インフォーメーション・サイエンス，41(1)：4-13　をもとに執筆。）

第12章 管理職のメンターチームへの関わり ——メンターチームと管理職

町支大祐

　第11章ではメンターチームの効果的手法について検討を重ねてきた。その結果，メンターチームの実施において，先輩教師の経験談が語られること，また，若手教師が話せること，自律的に運営を行っていくということが，若手教師の問題解決につながることが明らかになった。また，自律的な運営のもとで経験10年以上の教師が参加することも若手教師の問題解決に寄与することも示唆された。このように，メンターチームにおいては，多様な立場の教師が関わっていくことが重要であることがわかる。本章では，それらのうち，管理職のメンターチームへの参加を考えてみたい。その理由を以下に述べる。

　管理職は，学校における組織運営のトップであるため，そもそも，メンターチームを行っていく体制を確立していくうえで，そのリーダーシップが重要となる。しかし，同時に問われるべきは，経営的側面を越えて，管理職がどこまで，どのように支援に関与するかという点である。というのも，管理職は，学校経営の長であるとともに，教師にとっては評価者でもあり，同時に長い勤務経験をもつベテラン教師としての側面ももち合わせている。このような立場にある管理職が，その場にもたらす影響は無視できないものであると考えられる。本章では，この点について検討する。

12-1　過去のメンタリング実践における管理職の関わり

　上記の点を考えるうえで，これまでの研究において管理職の関与がどのように捉えられてきたのかを，まず確認したい。前章までで何度も述べてきたが，そもそも，メンタリングとは，経験を積んだ専門家（メンター）が新参の専門家（メンティ）の自立を見守り，援助することを意味している（岩川 1994）。学校におけるメンタリングを対象としたこれまでの研究の多くにおいて，メン

第12章　管理職のメンターチームへの関わり ── メンターチームと管理職

ターとして分析されてきたのは，中堅教師やミドルリーダーなどである（石川・河村 2002 など）。管理職の直接的な関与がこれまで分析されてこなかった背景には，そもそも現実的に中堅教師がメンターという立場を務めてきたという点ももちろんあるものの，管理職と若手教師との立場としての隔たりも関係していると考えられる。メンターとメンティーとの関係は，「上から指導し評価する関係ではなく，側面から支持し援助する関係」（岩川 1994）といわれている。この点からすると，管理職は評価者としての役割を伴わざるをえず，また，教職キャリアのトップに位置する管理職が，「共同探究的なスタンス」（岩川 1994）に立つのは容易ではないことがわかる。このような点からも，管理職のメンタリングへの関与はそもそも想定されてこず，分析対象にもなってこなかったと考えられる。

一方で，校長研究の枠組みにおいては，その直接的な指導助言についても研究が行われてきた。例えば，高野（1964）は，校長の指導助言過程について，法的・歴史的な側面から検討を行うとともに，具体的な指導の計画や指導助言のあり方にも言及した。その後，福島県教育センター（1976）や大久保（1989）など，指導助言の活動そのものに関する知見が蓄積されていった。近年になって，経営のトップとしての校長の役割が強調されるにつれ，リーダーシップに着目した研究に重点が移り（例えば，露口 2008 など），具体的な行動の1つである指導助言をどう行うかという点をクローズアップする研究は，一部（富久 2008）を除いてそれほど活発には行われてこなかった。しかし，そのような現状においても，指導助言が教育的リーダーシップに関するリーダー行動の1つとして想定されてきたといえる。

これらの研究動向をふまえると，校長が若手教師の育成に直接関わることについては2つの捉えがあるといえる。ある意味当然ではあるのだが，校長の関与そのものが常に教師の熟達に適合的であったり，否定的なわけではなく，状況などに依存する可能性を示している。とすると，どのような場合に校長の関わりが効果を発揮し，どのような場合には，そうならないのか。そういった点について，分析を行っていくことが必要である。

12-2　管理職の関わりと若手教師の問題解決

　本章では，【経験1年目教師調査】のデータを用いて分析する。具体的には，管理職がベテラン教師としての側面をもちうることをふまえ，授業や教材研究に関する場面に管理職が参加することの影響を分析する。メンターチームにおいて，教材研究や単元開発に関して相談できる場面や，自由に授業実践を行える場面について，管理職の関与が若手教師の問題解決に寄与するのかどうか明らかにする。

　独立変数として，単項目「教材研究や単元開発を同僚同士で相談し合うことができる」（以下，「授業相談」と記述する），「自由に授業実践の工夫を試みることができる」（以下，「授業試行」）を「あてはまる」「ややあてはまる」「どちらともいえない」「あまりあてはまらない」「あてはまらない」の5段階のリッカート尺度によって尋ねた。また，管理職が参加しているかどうか（以下，「管理職参加」）を尋ねた。

　従属変数として単項目「参加したことによって自身の問題解決につながった」（以下「問題解決」）について，「あてはまる」「ややあてはまる」「どちらともいえない」「あまりあてはまらない」「あてはまらない」の5段階のリッカート尺度によって尋ねた。

　「問題解決」を従属変数とし，「授業試行」「授業相談」「管理職参加」と，「管理職参加×授業試行」「管理職参加×授業相談」の交互作用項を独立変数とし，順序ロジスティック回帰分析を行った。その結果を表12-1に示す。「管理職の参加」「授業試行」については有意な差がみられなかったものの，「授業相談」「管理職参加×授業試行」「管理職参加×授業相談」については有意差が認められた。その係数に目を向けると，「授業相談」「管理職参加×授業試行」は正，「管理職参加×授業相談」は負となっていた。

　この結果からすると，管理職がコンティンジェンシー（状況依存的）な関わり方をすることが，若手教師の問題解決を進めていくうえで効果的である可能性が指摘できるだろう。

第12章 管理職のメンターチームへの関わり —— メンターチームと管理職

表 12-1 順序ロジスティック回帰分析の結果

要因	B	Wald	p 値
管理職の参加	0.076	0.063	0.803
授業相談	0.929	30.534	0.000**
授業試行	0.135	0.685	0.408
交互作用（授業相談×管理職の参加）	-1.032	5.171	0.023*
交互作用（授業試行×管理職の参加）	1.344	8.310	0.004**

Nagelkerke $R^2 = 0.259$　　　　　　　　　　　　　$p^* < 0.05$　$p^{**} < 0.01$

次に，質問紙調査から浮かび上がった点について，インタビュー調査を行った。まず，授業について試行する場面を取り上げる。授業について試行できる場面とは，例えば研究授業のための取り組みや，模擬的な授業，授業実践を行って他の教師と共有するような場合が考えられる。

このような場面における管理職の関わりについて，ある学校の若手教師は次のように語っている。

> （副校長先生が）「今日のメンターの授業を見て思ったこと書いといたから」って言って付箋とかに書いてくれた。（略）「（付箋には）ここはこうしたほうがよかったと思います」とか，「ここはとてもよかった」とか。そういう専門的なことが書いてあって，ああ，そうなんだなって思うことがありました。

この発言からは，校長や副校長の授業実践に対するコメントが，若手教師の学びにつながっていることが推察できる。「専門的な」アドバイスを受け，「そうなんだ」という理解につながっている。前節で述べた通り，管理職には，教職経験が長く専門性の高い教師としての側面があり，この側面が意識されていることがわかる。

他の教師からも，このような関わりについて肯定的な発言がなされている。

例えば，別の若手教師は，研究授業のために授業実践を行った回に管理職が参加し，次のような関わりを受けたという。

　　　このあいだ<u>副校長先生</u>と校長先生が来てくれて研究会をしたんですけど，<u>副校長先生が見てくださって</u>，プリントに1枚，<u>授業のポイント</u>だとかここがよかったとか，ここもうちょっとこうしたらよかったとか，「参考にして」って言ってくださったんです。<u>しっかり見ていただいて</u>。それは嬉しかったです。

「授業のポイント」などのアドバイスを受け，満足度の高い状態であると推察できる。

　先行研究においても，例えば，高野（1964）は，研究会などの場において授業実践をふまえて話をすることが最も「実際的」であり，「教授法などの具体問題をとりあげる」ことが一層効果を発揮すると述べている。若手の教師にとって，副校長や校長などの豊富な授業経験をもった先輩からのアドバイスは，問題解決につながりやすいということがわかる。

　次に，管理職も参加して授業試行の機会を設定しているある学校の事例を紹介する。C小学校は，あまり規模が大きくないものの，初任者など若手の割合が高く，メンターチームにおいては授業に関わる取り組みに特に力を入れている学校である。

　観察した回においては，ビデオを活用して授業実践の振り返りが行われていた。参加者らは，授業実践を観察したうえで，そのビデオを見ながら討議を行っていた（図12-1）。実践映像を見つつ，具体的な場面に言及し，会は進められていた。この取り組みには，管理職が比較的強く関わっていた。取り組み全体の始まりにおいてもあいさつを行ったうえで，討議の場でも管理職自身がコメントを行っていた。ベテランの1人としての管理職からコメントを受け，若手教師が様々な点で学びを得られているようすが観察された。

　C小学校のように，研究授業などと絡めてメンターチームの取り組みを行う

第12章 管理職のメンターチームへの関わり —— メンターチームと管理職

図12-1 授業実践とその検討

事例は多いが，そのような場面では，管理職の関わりが直接的に若手教師の問題解決にとってポジティブに寄与する可能性があるといえるだろう。若手教師の熟達を促すうえでは，このような機会をうまく活用していくことが1つのポイントとなるといえる。

次に，授業相談である。先行研究や定量的調査等によれば，授業相談の場面に管理職が関与して問題解決を促進することは必ずしも容易ではなく，そのあり方については慎重に検討していくことが必要である。ここでは，授業相談と問題解決との関係をふまえたうえで，そこに対する管理職の関与について検討していく。

まずは，メンターチームの取り組みにおいて，みずからの悩みを相談したこと自体が問題解決につながった場面について取り上げる。ある若手教師は，評価のやり方について相談した場面について語っている。

　　<u>評価とかで，細かに見ることがなかなかできなくて困ってますという話をしたら，1単元につき1人ずつ1つの項目について評価するといいよ</u>，と。横浜市の学習指導要領で<u>浜版っていうものがあるんですけど，そこのとこに評価の手引きがあるから</u>，そこから評価項目・評価規準を引っ張ってきて，いつも持って名簿の下に表をつくっといて，1時間にここの1列だけを見て評価すればいいよって。これが<u>非常に参考になって</u>。今でもやってるんですけども，例えばそういうことなんです。

12-2　管理職の関わりと若手教師の問題解決

　ここでは，授業中の評価のやり方について悩みを相談し，「浜版（横浜版学習指導要領）」の利用などのアドバイスを受けられたということが述べられている。
　また，この相談の場面における問題解決は，必ずしもみずからの疑問から発するものでなくても成り立つ場合がある。

　　メンター（チーム）ってすごくいいなと思うところが1つあって。<u>初任って，「何か悩みありませんか」って聞かれても答えられなくて</u>。わかんないんですよ。わかんなくて。<u>自分が何がわからないかわからない。何が間違ってるかわからない</u>。でも，メンターって，結構，話し合いの時間の中で，<u>ポロッと先輩が言ったことが，これ自分間違ってたことやってたなあとか，そこで失敗に気づくとか</u>。例えば，挙手もメンターに1回取り上げられたときがあって。どういうふうに挙手してますか，とか。自由にどんどん子どもが発言するようなときもあれば，ちゃんと手をあげて発表して座って，とかやるところもあれば，手をあげて座ったままどんどんやっていくとかもある。そういう，挙手や発表のしかたも様々，自分も今まで間違ってはいないとは思うんですけど，<u>深く考えてなかったところに気づくことがすごく多くて。そのきっかけになる</u>。

　この発言からは，初任者が「何がわからないのかわからない」状態にありながら，話し合いの時間の中で先輩の発言から学びにつながる機会を得ているようすが表れている。ここでは，挙手のしかたを例として，「深く考えてなかったところに気づく」機会になっていると述べている。以上のように，相談の時間の中では，自分の疑問からも，あるいは，他人の疑問から発した話の中でも，問題解決につながるような機会が得られていることがわかる。
　このような効果が発生する土台となっているのは，当然のことながら，相談し，話し合える関係の有無である。みずからの悩みを吐露しやすく，また，他の教師の悩みに関しても様々な話題が出てきやすい状態であることが重要である。

第12章 管理職のメンターチームへの関わり ── メンターチームと管理職

　この点に関しては，管理職を含め，若手と年齢や経験年数が離れている教職員は注意が必要である。例えば，先行研究においても，メンターはメンティより8歳から15歳年上が好ましいとしているものもある（Levinson 1978）。インタビューを行う中でも，年の離れた教師や管理職と関わることについて「緊張しますね」と捉える若手教師もいた。一方で，

> 　　　自分の中でピシッとしなきゃってところに校長先生がいると，さらにピシっとなる。

という形で前向きに捉える教師もおり，この関係については，管理職のパーソナルな側面や日頃からの関係性・文脈などが影響すると考えられ，いちがいにその関係性を捉えることは困難だが，一定程度難しさが存在することはふまえる必要があるだろう。

　では，その難しさを前提としつつも，若手の問題解決に繋げるために，管理職はどのように関わればよいのであろうか。ここでは，横浜市の事例から，2つの方向性を紹介する。

　1つは，若手にとって年齢的に近い先輩層に，一定程度ゆだねる形である。この形の取り組みを行っているD小学校の取り組みを紹介する。D小学校は，大規模校であり，若手教師の数も多い学校である。5年次の教師が中心となって，月に1回程度，活発な取り組みを行っている。

　観察した回においては，初任者の相談会が開かれていた。まず最初に，初任者以外の参加者が3つの任意のグループに分かれ，初任者1人ずつとそれぞれセットになって，3つの机に車座に座っていた。そのうえで，初任者が「自分の相談をする時間」を設け，先輩教師らがそれを受けて自由に話すという取り組みを行っていた。一定の時間がたつと，話はいったん打ち切られ，初任者はその机に残り，その他の先輩教師は別の机に移り，同じ取り組みが行われた。結果，初任者は3回，みずからの話を別々の先輩らに聞いてもらう機会が組まれていた（図12-2）。

図12-2　初任者の相談会

　この取り組みにおいて，D小学校の管理職は，会の始まりや終わりにコメントを行うものの，相談そのものの場面では若手に年齢的に近い先輩らにその役割をゆだねていた。結果として，初任者を含め，参加者らの満足度は高く，黒板の使い方や具体的な授業の進め方など，様々な点において初任者らの問題解決につながっていた。

　例えば，この学校に所属する若手教師は，次のように語っていた。

> 　1年生のときはゆっくり丁寧にひらがなから習って練習してたのが，2年生になって急に書く量も増えて，時間もどんどん進んでいかなきゃいけない中で，ちょっと丁寧に見てあげないと字がどんどん雑になってきて。6年生の担任の先生が言ってたんですけど，「2年生で崩れた字っていうのは，やっぱり6年生になっても，見ててつながってるのがわかる」って。2年生，進むことに精いっぱいになっていることもあるので，ちょっと字を丁寧に見てあげたりとか，極端な話，自分の名前さえも赤で直してあげるようなことも必要だよ，っていう話をいただいて，なるほどなって思って。

この悩みに対して，相談相手になっているのは6年生の担任を務める先輩教師である。この学校においては，管理職が若手先輩教師らに一定程度ゆだねる中で，このように相談し合える関係が成立していた。

第12章 管理職のメンターチームへの関わり —— メンターチームと管理職

　2つ目の方向性として考えられるのは，管理職自身が，若手にとって相談しやすい存在になるようふるまうことである。例えば，ある教師はこの学校の管理職について，

　　　アイスブレイクやったときは，校長みずから「アイスブレイクちょっとやろ」うって一緒にやってくださったり，<u>校長っていう立場もあると思うんですけど，一緒になって勉強しようとか学ぼうとかしてくださって，また1人の先輩として話してくださる</u>ので，自分としては楽しい，嬉しいです。

と語っている。また，同じ学校に所属する別の若手教師は，管理職からかけられた一言について印象深く語っている。

　　　席替えの話のときに，結構目だつ子を後ろのほうに置いたりしますって話をしたときに，<u>「ああそういう案もあるんだ，面白いね」</u>って声をいただいた。

初任者の発言に対しても，管理職がともに学ぶ姿勢を見せながら関わっていることがわかる。この若手教師はメンターチームに取り組む意義について，

　　　1つのことについて<u>いろんな先生からの視点を聞ける</u>ってことがいいなって思いますね。その先生流のやり方ってのをすごく勉強させてもらえるので，この先生こういう部分を大切にして子どもたちと接してるんだな，とか。

と語っている。管理職も含めた先輩教師らとともにメンターチームに取り組むことによって，多様な視点を得られるという効果があると述べている。
　このような管理職の関わり方は，まさに先行研究で示されていた「共同探究的なスタンス」（岩川 1994）を築いていく形であるといえるだろう。一般的な意味での年齢の差や職位の差などを越え，「一緒になって勉強しようとか学ぼう」とすることで，「1人の先輩として」相談し合える関係の中にみずから入っ

ていくやり方であるといえる。
　以上の2つの方向性は，いずれも，若手にとって「相談しやすい」関係づくりに管理職が尽力している形だといえる。第11章において，初任者らが「話せる」ことの重要性が指摘されているが，年齢や職位の差などを前提とすれば，これはよりシビアな問題となりうるものである。この難しさを乗り越え，初任者らを「話せる」状態へと促すためには，この事例から観察されたように，ある程度意図的に相談しやすい関係を築いていくことが，問題解決を促すうえで重要になるといえるだろう。

12-3　状況に応じた関わり

　これまでの調査の結果を統合すると，授業について相談する場面では，管理職が，場合によっては，見守るというような関わり方をする必要性があることがわかった。一方，授業試行の場面では，管理職を経験豊富で専門性の高い先輩として意識し，そこから得られるコメントが問題解決につながっているようすも観察された。
　しかし，今後については，より幅広い分析を行っていくことも必要である。若手教師の育成の場面は相談や試行ばかりではなく，また，それらは活動場面によって左右されるのみならず，当然のことながら管理職のパーソナリティや信念なども影響していることが考えられる。今後はより多面的な調査を重ねていくことが必要となるといえる。
　とはいえ，少なくとも，管理職による影響の複雑さは改めて浮き彫りになったといえる。効果的なメンターチームを行っていくうえでは，校長や副校長が場面によってどのような関わりをしていくか，そのことについての慎重な判断が必要であるといえる。

(第12章は，町支大祐・脇本健弘・讃井康智・中原　淳（2013）校内メンタリングにおける管理職の参加に関する分析—メンターチームを題材として．青山インフォーメーション・サイエンス，41（1）：14-21　をもとに執筆。)

第13章 メンティからメンターへの移行
――メンタリング行為の連続性

脇本健弘

　第11, 12章においてメンターチームの効果的な手法について分析を行い，メンターチームの取り組みが若手教師の問題解決につながっていることを明らかにした。若手教師の割合が多い現代の学校において，メンターチームは若手教師を育成する方法として有効であるといえる。本章では若手教師の効果的な育成方法という観点から，さらに視野を広げて，メンティからメンターへの移行について考えていきたい。現代の若手教師の育成を考えるうえで，メンティからメンターへの移行は非常に重要な課題となっている。以下にその理由を説明する。

　現代においてメンティからメンターへの移行はかつてない早さで行う必要がある。これは，第1章において指摘したように，若手教師の割合が大幅に増えることにより，若手教師同士で学んでいくことが求められるからである。従来の学校現場であれば，若手教師は支援を受ける立場であり，支援を受けながら，経験を積み，徐々に成長していくことでベテラン教師となることが可能だった。校務分掌などやるべき校内の仕事はあるものの，学校内において若手教師は子どもを指導する立場として授業や学級経営などに専念することができた。しかし，今日においては，もはや経験6年目の若手教師でありながらも，後輩教師をメンタリングしていくという先輩教師の立場・役割が求められるようになっている。つまり，自身の成長がままならない中においてでも，後輩教師の成長を支援していかなければならないのである。

　筆者がこれまで関わってきた東京都の小学校では，経験年数8年目の教師が初任者研修における初任教師の指導教員になっていることもあった。経験が少ない場合においても，初任教師の授業を観察し，アドバイスをしていくことが求められる。自身も授業や学級経営などを教師として学びながら，同時に，初任教師の成長を支えていく立場にならなければならないのである。

第13章　メンティからメンターへの移行 ── メンタリング行為の連続性

　また，同じく東京都の別のとある小学校では，経験年数8年目においてすでに学年主任となり，同じ学年の他の学級を担任する若手教師を束ね，時には指導を行う役割を任されていた。学年主任として行うべきことは様々であり，例えば，各教科や学年行事などでどのような内容や手順で進めていくのか他のクラスとの調整やまとめを行う。また，各学級で解決できない問題があれば，その学級の担任教師の相談に乗り，時にはともに解決や指導も行う。従来であれば経験豊富なベテラン教師が担当することが多い役割を，経験年数8年目の若手教師がすでに担っているのである。

　そして，本書のテーマであるメンターチームにおいても，これまで説明してきたように経験6年目や11年目の教師が中心となって若手教師の支援を行っている。メンターチームでは，若手教師が自分たちより経験が浅い若手教師の悩みを聞いたり，実践上のアドバイスをしたりしていた。また，会の運営までも若手教師で行っていた。

　以上のように現在の学校においては，若手教師が，学校内において後輩を育てていく役割が求められる。つまり，若手教師の育成をベテラン教師に任せるというのではなく，若手教師も後輩の育成に積極的に関わらなければならないのである。よって，先ほども言及したように，現在の学校においては，メンタリングを受けるメンティの立場から，後輩にメンタリングを行うメンターの立場への移行が，従来のように緩やかに行われるのではなく，早い段階で行われる。そのため，これまでの学校が置かれてきた状況と比較して，メンティからメンターへの移行を，意識して行う必要がある。

　しかし，若手教師は自身の成長で精いっぱいで，さらにその上に多忙化が追い打ちをかけており，余裕がない状態である。学校内の若手教師が，メンターとして活躍していけるような土壌を学校内につくるにはどうすべきであろうか。そのためには，若手教師がお互いを支え合う文化を学校内につくっていくことが求められる。若手教師が後輩と関わろうとする意識をもてるような文化が必要である。

　では，実際にそのような文化を学校内につくっていくにはどうすればよいの

であろうか。本章では，メンターチームの分析を通して，この問いについて考える。具体的には，【経験6年目教師調査】をもとに，メンティとしてのメンタリング経験と，現在のメンターとしてのメンタリング行為の関係を分析していく。それらの結果をもとに，校内において若手教師がお互いを支え合う文化をつくるにはどうすべきなのか考察する。

13-1 若手教師のメンティとしての経験と現在のメンタリング活動

本章では，メンターチームにおけるメンティとしての経験が，メンターとしての行動に影響を与えるという仮説を立てた。より詳しくいうならば，「初任から経験2，3年目までに，メンタリングを受けた経験（メンティー経験）が，自身がメンターとなった際の行動に影響を与える」という仮説である。その検証を，共分散構造分析を用いて行った。経験6年目の教師のデータを対象に，異動を経験している教師とそうでない教師に分類し，それぞれ分析を行った◆1。以下に詳細を述べる。

(1) 異動を経験していない教師

メンティ時代におけるメンターチームの活動経験◆2（つまりメンタリングを受けた経験）が，現在の経験6年目のメンターとしての行動に影響を与えているというモデルを仮定し，共分散構造分析を用いてその検証を行った。その際，メンターチームの活動が学校の専門性や協働性に影響を与えるという指摘（脇本ら 2013）を考慮し，メンティ時代のメンターチームの活動が，学校の専

◆1 経験6年目の教師の約半数（349名中177名）が異動を経験している。
◆2 第9章において，教師の成長に資するメンターチームの要素として，自由な発言環境（自身が話せる）・先輩からの情報提供（先輩教師の経験談の共有）・参加者主体（自律的活動）で行うことが有効であると明らかになった。そこで，本章においてもこれらをメンティ時代におけるメンターチームの活動の要素としてモデルに用いた。

門性や協働性に影響を与え，メンターとしての行動を促しているモデルを仮定した。

(2) 異動を経験している教師

過去のメンターチームの活動経験（異動前の前任校のメンターチームの活動経験）[3]，そして，現在赴任している学校の協働性・専門性が，現在の経験6年目のメンターとしての行動に影響を与えているというモデルを仮定した。

■分析結果

分析の結果，異動を経験していない教師（図13-1），異動を経験している教師（図13-2）の各モデルの適合度は適正な値を示し，このモデルが妥当であることが明らかになった[4]。以下にそれぞれのモデルににについて説明を行う。

まず異動を経験していない教師に関するモデル（図13-1）に関して説明を行う。左から自由な発言環境，先輩からの情報提供，参加者主体という順に確認する。

①自由な発言環境

まずは自由な発言環境からである。過去のメンターチームの自由な発言環境という要素が，メンターになった際に，メンターとしての傾聴，そして後輩への情報提供に大きな影響を与えていることがわかる。つまり，メンティ時代に自由な発言環境においてメンタリングを受けた若手教師のほうが，メンターになった際に，後輩教師の発言をよく聞き，また，様々な経験談などを伝えてい

---

[3] ◆2と同じく自由な発言環境，先輩からの情報提供（経験談の共有など），参加者主体をメンティ時代におけるメンターチームの活動の要素としてモデルに用いた。

[4] 異動を経験していない教師に関しては，モデル（図13-1）の適合度等がGFI=.981，AGFI = .941，CFI = .995，RMSEA=.042，AIC=49.768 を示した。異動を経験した教師のモデル（図13-2）に関しても，GFI=.964，AGFI=.922，CFI=.973，RMSEA=.070，AIC=54.149 を示し，ともに作成したモデルは適切であると判断できる。

13-1 若手教師のメンティとしての経験と現在のメンタリング活動

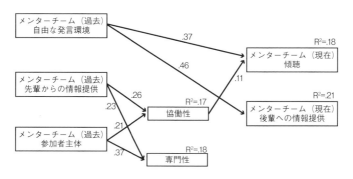

図13-1 メンティからメンターへの移行モデル（異動なし）[5]

るということである。

②先輩からの情報提供・参加者主体

次に，先輩からの情報提供・参加者主体について確認する。過去のメンターチームにおける先輩教師からの情報提供や，参加者主体の活動を見ていくと，これらは校内の協働性や専門性に影響を与えていることがわかる。メンターチームが若手教師個人に対して効果があるだけでなく，学校の専門性や協働性に影響を与えるという指摘は脇本ら（2013）の指摘にもあったものの，今回の分析で改めて確認された。以下は，経験年数5年目の教師の発言である。先輩教師からの情報提供や参加者主体の活動に直接関連した発言ではないものの，メンターチームが学校に与える影響を考えるうえで参考になる発言である。

　（メンターチームによって）若い人たちが明るく働けるっていうか，（メンターチームの活動によって）子どものこととかお互いわかると，（自分とは直接）関係のない学年の子でも話しかけたりすると，いろんな先生と

◆5　簡便化のため，誤差と共分散，誤差相関の記載は省略している。

第13章　メンティからメンターへの移行 ── メンタリング行為の連続性

　いろんな子どもの関係性もできてきて，なんか全体的にほんとにいい。職員室でも，「やっぱり今日なんとか先生のとこのなんとか君がこうだったんですよ」っていう会話ができたり。で，席が近ければ違う先生も入ってくるじゃないですか。

　メンターチームによって，子どもの情報が共有でき，それをきっかけに自身とは関係のない子どもと話すようになり，それが他の教師と話すきっかけになっていることが上記発言より推測できる。メンターチームでできた関わりは，メンターチームの中にとどまるのではなく，日頃の仕事においても，コミュニケーションが活性化するなどの影響を与えているのではないだろうか。
　また，以下は経験11年目のメンター役の教師の発言で，実際にメンターチームの活動から，若手教師同士のつながりができ，日頃の実践においても協働的な関係が構築されていることを示している。

　　結局（メンターチームのメンバーが）助けてくれるんですよ。この前，夜遅くに，（略）（研究授業の準備をするために学校に）来てたら，（メンターチームのあるメンバーが）みんなを呼びもどしてきたりとか。

　上記発言から，メンター役の先輩教師が自身の研究授業の準備を行う際に，メンターチームに参加している後輩教師が他の教師に声をかけ，研究授業の準備を手伝っていることがわかる。このように，メンターチームをきっかけに協働的な関係が形成されていることが推測できる。以下の発言も，メンターチームによる協働性の高まりを示唆する，経験4年目の教師の言葉である。

　　（メンターチームによって）職員同士が，ある程度打ちとけて話ができると，ちょっとしたことでも，「あ・うん」じゃないですけど，「やっとくから」の一言で伝わったりとか，「もうここいいよ」とか，安心してお任せできたりとか。やっぱりそういうコミュニケーションがないと，頼んで

よかったのかなとか，お願いしてよかったのかなとか，こうすべきだったんじゃないかなとか，ほんのちょっとしたことで悩むんですけど。そういうので，ああいうふうにやってくれる先生を見ていると，自分の足りないところを，補ってくれるというかなんていうかな，「やっとくよ」って言ってくれる一言に，「じゃあお願いします」って，そういうやりとりができる。で，「代わりにこれします」っていうのができるのかなって。

このように，メンターチームにより，お互いの仕事の助け合いが行いやすくなり，学校内の仕事がスムーズに行えるようになっていることが推測できる。このように，メンターチームによる協働性の高まりは様々な形で見ることができる。

③ **協働性**

それでは，再び図 13-1 にもどり，校内の協働性が現在の行動に与える影響を確認する。すると，傾聴するという行動を促しているということがわかる。メンターチームの先輩教師からの情報提供や，参加者主体で行えたという経験が，学校の協働性を媒介にしてメンターとしての行動に影響を与えているのである。

このように，若手教師における過去のメンティとしてのメンターチームの経験（どの程度発言できる環境にいたのか，先輩教師から情報提供を受けていたのか，参加者主体で行えていたのか）は，自身がメンターになった際のメンタリングの行動に影響を与えていることが示唆された。

ここまで異動を経験していない教師の分析結果を確認した。では，異動を経験した教師は，異動先での学校のメンターチームでどのようにふるまっているのであろうか。図 13-2 はその結果である。図 13-2 を見ると，自由な発言環境が，自身がメンターになった際に，傾聴や後輩への情報提供という活動に影響を与えていることがわかる。つまり，異動をして異なる学校に赴任した場合においても，メンティの経験が異動先の学校でのメンターチームのメンターとしての

第13章 メンティからメンターへの移行 —— メンタリング行為の連続性

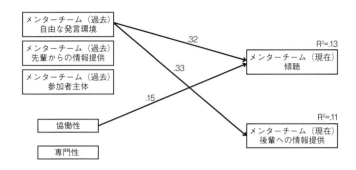

図 13-2　メンティからメンターへの移行モデル（異動あり）[6]

活動と関係しているのである。

　この結果はメンターチームという活動の今後を占ううえで非常に重要である。自由な発言環境のもとで行われるメンターチームは，その成果は個々の学校の若手教師を支援するということにとどまらず，そこで育った若手教師が他の学校に異動になった際に，再びそのような行動をとることにつながり，その連鎖で横浜市全体に大きく広がる可能性を秘めている。

　ここまで，経験年数6年目教師のメンティ時代のメンタリング経験と，現在のメンターとしてのメンタリング行為の関係を明らかするために，経験年数6年目教師を異動経験ありなしにわけ，それぞれ分析を行った。その結果，自由な発言環境，参加者主体で行う，先輩からの情報提供（経験談など）といった若手教師の問題解決に寄与する活動が，現在のメンターチームにおいてメンターとして後輩の話を傾聴することや後輩へ情報提供をすることにつながることが示唆された。特に，自由な発言環境でのメンタリングを経験したメンターは，異動先においても，傾聴や情報提供といった活動を行う傾向があることが

◆6　簡便化のため，誤差と共分散，誤差相関の記載は省略している。

明らかになった。このように，メンタリング行為は次の世代に継承していくことが明らかになった。この点に関して，経験11年目の教師は，これまでのメンティとしての経験が，現在のメンタリング行為に影響を与えていることを以下のように語っている。

> やっぱり（先輩に）やってもらったことが，自分の後輩に何ができるかなーって考えたときには，やってもらってよかったこととか，（略）いいなって思うところを。

先輩教師から受けてきたメンタリングを振り返り，自身がメンタリングを行う際には，これまで受けてきてよかったと感じた行為をやっていることがわかる。また，現在経験4年目の教師は，これから自身がメンターになることを意識した際に，以下のように話している。

> （メンティ時代にメンターチームを）やってもらわないとできないのかなって。最初は，（メンターチームで）集まって，大変だな，みたいな。仕事がわからないのに，また集まって時間がかかるって思ってたんですけど。こういうのを(実際に)やってくれてるとありがたさがわかるので，(略)そういうのをやってくれていたら，ああじゃあ，年代ごとに役割っていうのがあると思うので。

自身がメンタリングを受けたことで，メンタリングを行う意義を理解し，自身も次の世代に続けていかなければならないという使命を感じているようである。

また，メンタリングを通して，先輩教師の姿に憧れることで，次の世代には自分もそのようになろうという意識が芽ばえる場合もある。以下は経験4年目の教師の発言である。

第13章　メンティからメンターへの移行——メンタリング行為の連続性

　　　○○先生（先輩の先生）が，すごくよくしてくれて（略），（同年代と）同じように関わってくれたりとか，でも経験がある分だめなものはだめと言ってくれるので，（自分も）そういうふうになったらいいかなって。

　このように，後輩教師にとって，頼りがいのある先輩教師は，次は自分もそのようになろうと考える存在になりうる。メンタリングにおいて，先輩教師のふるまいというのは，次の世代にも影響を与えるのである。
　以上より，若手教師がお互いを支え合う文化を学校内に築いていくには，まず若手教師が抱える問題解決に資する，意味あるメンタリングを行うことが重要である。そのようなメンタリングを受けた経験をもつ若手教師は，自身がメンターになった際に，後輩教師に同じような行動をとるようになると考えられる。地道ではあるが良質なメンタリング関係を築いてくことが次の世代にもつながっていくのである。

13-2　メンタリング行為と教師としての成長

　前節よりメンティとしてのメンタリング経験がメンターとしてのメンタリング行為に影響を与えることが明らかになり，若手教師がお互いを支え合う文化を築いていくには，若手教師が抱える問題の解決に資するメンタリング行為を行っていくことが重要であることが示唆された。
　一方で，メンタリングを行う若手教師（メンター）自身には，メンタリングを行うメリットはないのだろうか。メンタリングを行うには時間的コストがかかる。そのため，若手教師にとって，メンタリングを行うことで自身にメリットがないのであれば，いくらメンタリングが後輩教師にとって有効であったとしても，それは負担になる行為であると認識するかもしれない。メンタリングが義務感で行われてしまう可能性もある。そこで，次にメンタリング行為がメンターに与える影響をデータにより考えてみたい。
　メンターにとってメンタリングを行うことは自身にとっても有益であるこ

とは，これまで先行研究においても指摘がなされてきた。例えば，Huling & Resta（2001）は，メンタリングに関する論文のレビューを行い，メンターに対する効果をまとめている。本章ではその中で，専門性に関する面と精神的な面について紹介する。専門性に関することとして，メンターがメンティをサポートすることにより，彼ら自身の専門的能力も向上し，また，自身の省察のきっかけにもなることが指摘されている。このような指摘は日本でもなされており，例えば岩川（1994）は，メンタリングは先輩教師にとっては自己のこれまでの経験を振り返り，教師の仕事の難しさと豊かさを見つめ直す機会であると指摘している。精神的な面では，メンターはメンタリングを通して，自尊心を高めることができるという指摘がある。また，メンタリングをすることで同僚との相互作用を豊かにすることにつながるということもいわれている。このように，Huling & Resta（2001）によると，メンタリングを行うことはメンターにとってもメリットがあることがわかる。

しかし，これら先行研究の指摘は，必ずしも実証的な研究をふまえて述べられているというわけではない。そこで，本章では，先ほど用いた【経験6年目教師調査】のデータを用いて，現在のメンタリング行為とその教師の能力（効力感）にどのような関係があるのか明らかにする。具体的には，先輩教師が行う情緒面でのサポートと職務面でのサポートが授業や学級経営などに関する能力（教師効力感）や，経験学習の各プロセスの遂行にどの程度関係があるのか，その相関を確認した。具体的には，後輩への関わり（情緒面），後輩への関わり（職務面）と教師効力感（授業や学級経営など），経験学習の各プロセスとの相関関係を分析した。

■分析結果

表13-1はその結果を示している。表13-1によると，メンタリング行為（情緒的サポート・道具的サポート）と教師効力感，経験学習の各プロセスには相関があることが読み取れる。

先ほど先行研究において，他者への支援は，自身の姿を振り返ることにつな

第13章 メンティからメンターへの移行 ── メンタリング行為の連続性

表 13-1 メンタリング行為と能力，経験学習の相関係数

	教師効力感 （授業）	教師効力感 （学級運営）	教師効力感 （保護者）	教師効力感 （校務分掌）
後輩への関わり（情緒面）	.157**	.165**	.255***	.198***
後輩への関わり（職務面）	.313***	.220***	.246***	.308***

	内省的観察	抽象的概念化	能動的実験	具体的経験
後輩への関わり（情緒面）	.211***	.342***	.296***	.253***
後輩への関わり（職務面）	.300***	.394***	.327***	.310***

$p^*<0.1 \quad p^{**}<0.01 \quad p^{***}<0.001$

がるという指摘を確認した。道具的サポートと各能力，経験学習の相関が情緒的サポートと比べて高い傾向にあるのは，その指摘を支持しているのではないだろうか。

　このように，メンタリング行為は，メンターの授業や学級経営の効力感と関係があることが示唆された。もちろん，もともと能力があり，教師として余裕がある人がメンタリングを行っているためにこのような結果が出たという解釈もできる。本章のデータはあくまで相関係数であり，因果関係までは明らかになっていない。メンターとしてのメンタリング経験と能力向上の因果関係を明らかにしていくことは今後の課題である。

13-3　まとめ

　本章では，若手教師の割合が増え，メンティからメンターへの移行が早急に求められる現代において，若手教師が支え合うようになるにはどうすべきか，メンターチームの分析を通じて検討を行った。その結果，若手教師の問題解決に資する自由な発言環境，先輩教師の情報提供，参加者主体のメンタリングを経験した若手教師は，自身がメンターになった際に後輩教師の話を傾聴し，情

報提供を行うことが示唆された。メンティ時代にメンタリングを受けた若手教師は，自身がメンターになった際に，後輩教師に同じような行動をとるのではないだろうか。つまり，地道ではあるが良質なメンタリング関係を築いてくことが，若手教師が支え合うことにつながり，次の世代にもつながっていくと考えられる。

　また，メンタリング行為とメンターの教師としての効力感には関係がみられた。具体的には，因果関係までは明らかになっていないものの，メンタリング行為と授業や学級経営等に関する効力感には関係があるという結果が見いだされた。Feldman（1994）は新人の組織社会化におけるグループへの影響を論じており，新人が組織に参入した際に組織にもたらす様々な影響を指摘している。若手教師へメンタリングを行うことは，若手教師の成長のみならず，他の教師にとっても，成長の基盤を築いていくことにつながるのではないだろうか。今後さらに調査をすすめていく必要がある。

第14章 総括
──若手教師の成長と育成

脇本健弘・町支大祐

　本書では，現代社会における若手教師の成長と，これから求められる育成のあり方について，実証研究をもとに探究してきた。第14章では，各章における分析結果を振り返りながら，まとめを行う。

　本書の特徴は，質問紙をもとにした量的調査により，現代の若手教師の成長，そして，効果的な若手教師の支援方法を実証している点である。図14-1は第2章で示した本書が行った研究の理論的位置づけである。①教師の学習は，若手教師の育成を考えるうえで基盤となる部分である。教師の学習がどのように行われているのか，経験学習理論をもとに実証を行った。教師は経験を振り返り，次回どうすべきかを考え，これからの実践に生かしていくことで成長していく。②教師のキャリアでは，①教師の学習において明らかになった「経験からの学

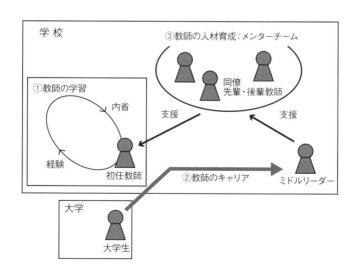

図14-1　本研究の理論的位置づけ

第14章 総括 ── 若手教師の成長と育成

び」の重要性をふまえ，現在における若手教師がキャリアの節目でどのようなを経験し，それがどのように成長につながっていくのか明らかにした。そして，③教師の人材育成では，そのような経験をしている現在の若手教師に対して，どのような支援や育成が行えるのか，データにより明らかにした。具体的には横浜市で実施されているメンターチームのデータをもとに，どのように組織的なメンタリングを行うことが若手教師の成長に寄与するのか示した。以下にそれぞれの詳細を示す。

14-1 教師の学習

①教師の学習として，経験学習（図14-2）を取り上げ，教師の学習がどのようになされていくのか実証した。教師の学習において，日頃の実践をいかに振り返るかということは重要なポイントである。実践知を積み上げていくには，実践経験を振り返り，そして，それらを次に生かしていけるようにする必要がある。Schön（1983）の「反省的実践家」，そして，熟達研究における適応的熟達者など，教師に関する研究領域でリフレクションの重要性を指摘する研究は枚挙に暇がない。一方で，これまでこのような教師の学習を実証的な観点から扱ってきた研究はほとんどなかった。そこで，本研究では経験学習

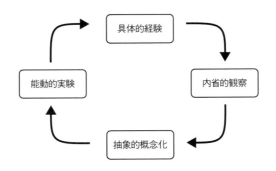

図14-2　経験学習モデル（Kolb 1984）

理論をもとに教師の学習の実証を行った。経験学習は，具体的経験（授業の実施），内省的観察（授業の振り返り），抽象的概念化（仮説や持論の生成），能動的実験（やってみる）というサイクルを回すことで学んでいくという理論であり，Kolb（1984）が提唱した。教師の学びは，Kolb（1984）のいう経験学習モデルのようにサイクルを回す循環モデルとして成立しているのか，それとも，既存の研究とは異なり，単純な直線モデルとして成立しているのか検証を行った。その結果，教師の学習は既存の経験学習モデルのように循環モデルをとっていることが明らかになった。これは，これまでの教師研究の知見とも一致する。教師は，経験から学び，そして，それにより日々の授業をさらに改善しているのである。

　また，それに伴い経験学習を促す要因についても分析を行った。経験学習の特性を考慮し，サイクルを回していく際に将来を見通しながら行えること（キャリア意識が高いこと）がより効果的に経験学習を行うことにつながるのではないかと考え，分析を行った。その結果，キャリア意識が高い教師のほうが経験学習の各プロセス，そして，内省的観察から抽象的概念への移行をうまく行えていることが明らかになった。また，教師の学習は授業研究など学校内で協働で行われることも多い。そこで，学校内における教師の専門性の高さや協働性が経験学習の遂行に影響を与えるのではないかと考え，同じく分析を行った。その結果，専門性が高く，協働性が高い学校に所属する教師のほうが経験学習のプロセスをうまく実行していることが明らかになった。

14-2　教師のキャリア

　②教師のキャリアでは，若手教師が中堅教師となるまでの節目の経験を取り上げ，それらがどのように成長と関連しているのか明らかにした。

　まずは，大学経験について分析した。教師になることを希望する者の多くは，大学において教職課程を履修し，教員免許を取得する。しかし，近年は，学校内で若手教師を育てる余裕がかつてよりもなくなっていることもあり，これま

第14章　総括 ── 若手教師の成長と育成

で以上に学生が現場に関わることが重視されている。実際，経験3年目の教師について調査したところ，その9割近い人数がなんらかの形で学校現場に関わっていたことがわかった。中でも，授業のサポートや研究授業の見学については，教師になった後の授業に関する教師効力感につながっていることも明らかになった。

　次に分析を行ったのが，学校への参入と適応のプロセスである。近年，若手教師の離職率の上昇などが問題となっており（和井田 2012），この参入と適応の問題は以前にも増して重要になっている。第6章では，まず，教職への適応と学校組織への適応の違いに着目した。例えば，有村（2005）は，若手教師の適応においては「組織とつき合う」ための「つき合い方を学ぶ」ことが1つの鍵になるという提言を行っているが，これまでの研究は，おもに教職という職業への適応を中心に分析を行ってきた傾向がある。本書では，組織社会化の枠組みを用い，組織におけるふるまい方をいかにして身につけるか，という観点から分析を行った。その結果，新人にとってみずからの役割や将来的な役割について意識し理解しやすい環境にあることが，組織社会化につながることがわかった。これまでの職業的社会化研究では，教師としての役割と自我イメージとの間で葛藤が生じる様（今津 1979）が指摘されており，改めて，教師という職業に適応していくことと学校組織の一員として適応していくことの差異が確認された。

　次に，若手教師のキャリアにおける困難経験についても分析を行った。若手教師がどのような困難を経験しているか，乗り越えることで成長につながった経験とは何か，そしてそれを乗り越えるうえで支えになった人は誰か，という点について，分析を行った。子ども集団に対峙することなど，日々の実践の中で困難を感じている教師が多く，そういった困難を乗り越えることで成長につながったと答えた教師も多かった。困難を乗り越えることに関しては，身近な先輩からの支援が重要であることも明らかになり，また，身近な先輩は，こういった日々の実践に関する困難に限らず，若手教師が経験する多様な困難について，最も支えになる人物であることもわかった。保護者対応における困難を

乗り越えることで成長につながったと考えている教師も多く，この場合については，身近な先輩とともに管理職らの支援も重要であったことが明らかになった。

　さらに，若手教師である間に誰もが一度は経験する，初めての異動についても分析を行った。異動前の教師群と，異動を経験した教師群を比べたところ，後者のほうが一部の教師効力感が有意に低く，消耗感が高い傾向にあることが明らかになった。特に，異動によって，「荒れ」の状態の異なる学校を経験することは，教師効力感に強い揺さぶりをもたらすこともわかった。これまでの研究では，異動が成長につながるという知見と，メンタル上の問題につながるという2つの捉え方があったが，特に，初めての異動に着目すると，どちらかというと難しい側面が強いとも考えられる。異動を経験し2校目にいたった教師は，一人前として扱われることも多いが，本書の知見からすると場合によって支援が必要な可能性もあるといえるだろう。

　最後に，リーダー経験である。教師はキャリアを重ねていくに伴って，子どもの前に立ち，子どもをまとめていく立場だけでなく，大人をまとめていく立場になっていく。そういった役割の変化が，さらに先の将来的なキャリアを考えることにつながるということがこれまでの研究で言われてきた。近年，年齢構成の偏りもあって，そういったリーダー経験をすることが早く訪れている可能性もあり，まずは若手のリーダー経験について分析を行った。多くの若手が分掌グループリーダーを務めているとともに，一部では学年に関連する職務などにおいてもリーダーを務めていることがわかった。加えて，若手教師としてリーダーを経験することにおいても，大人をまとめる立場を経験し，そのことが，ミドルへといたることも含め将来的なキャリアについて意識を高めることにつながるのではないか，という点に着目し，分析を行った。その結果，リーダーを経験することは，ふだんにおけるみずからの効力感や自信につながり，それが将来像に対する意識につながっていること，リーダーとして，他のメンバーに配慮することが，ふだんの後輩へのサポーティブな活動につながり，そういった先輩としての立場をもつことが，立場の変容を感じさせ，将来的なキャリア

第14章　総括 ── 若手教師の成長と育成

像を考えるきっかけにもなっていること，そして，リーダーとして管理職と連絡調整を行うことが，キャリアの先達と関わることを意味しており，直接的に将来的なキャリアを考えることにつながっていることなどが示された。

　各章の分析がもつ示唆については，以上のように位置づけられる。第5章から第9章にかけては，教師になる前の大学経験から，教師になった直後の参入と適応，若手教師としてキャリアを積む中での困難な経験や，誰もが避けられない初めての異動，そして，ミドルへの階段を登り始めるリーダー経験，そういった節目の経験に着目し，それらが，若手教師の成長にいかなる影響を及ぼしているのかを分析した。これまでのキャリアに関する研究では，キャリア上に転機が存在することは示されていたが，それぞれの転機がどのように影響するか，という点についての定量的な分析は行われてこなかった。本書では，それぞれの出来事が，どのような変数の影響を受け，あるいは，何によって媒介され，若手教師の成長につながっていくのか，そういった点に関して複合的な要因を視野に入れながら実証分析を行った。各章の結論とともに，本書の分析はこの点に特徴をもつといえる。

　また，各章の分析は基本的に独立して行われたものであるが，その結果を概観すると，総じて次の2つの点が指摘できる。1つは，キャリアの早回しが起きていることである。大学時代に，すでに適応に通じる経験が行われており（第5章），若手期においてリーダー経験をすることでキャリアについての意識を高める様も観察された（第9章）。もう1つは，教師が「学校現場から学ぶ」様が改めて浮き彫りにされた点である。大学経験は，学校現場を早めに知ることであり，適応は学校現場におけるふるまい方を身につけることである。異動経験は学校現場の差異から影響を受け，新たな学校現場について学ぶことである。困難経験やリーダー経験からの学びにおいても鍵となるのは学校現場内の人間関係であった。教師が現場から学ぶということ自体は必ずしも目新しいことではないが，かつてのように手厚い支援を受けながら育つことのできた時代に比べて，適応することや困難を乗り越えることはますます重要になっている（大学経験・組織社会化・困難経験・異動経験）うえに，前述したように，か

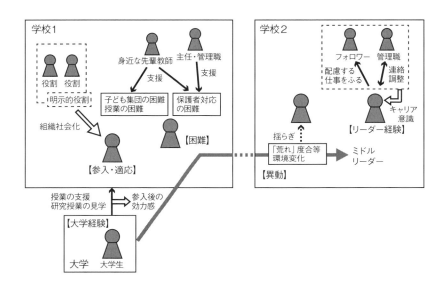

図 14-3　現代における若手教師のキャリアモデル

つてに比べてキャリアのステップを早く上らざるを得ない（大学経験・リーダー経験）という事情もある。そのような難しさがあることをふまえれば，学校現場からの学びについて，より質を向上させていくことの重要性が改めて強調されていると考えられる。第 4 章の知見と合わせれば，学校現場における諸々の経験をもとに，経験学習のサイクルを回していくことが，教師の成長につながると考えられる。その意味でいうと，文脈や状況を理解し，同じ視点から，あるいは，別の角度から経験を共有する関係の中で，つまり，学校現場の中で育成の関係をつくっていくことがやはり重要であると考えられる。この点について分析を行ったのが③教師の人材育成である。

14-3　教師の人材育成

③教師の人材育成では，現在の社会状況を鑑み，どのように学校組織として

第14章　総括──若手教師の成長と育成

若手教師を支えていくことができるのか検討するために，組織的なメンタリングに注目した。大量退職大量採用によって若手教師の割合が増え，若手教師を支える中堅教師の割合が少ない中で，さらに教職の多忙化が進み，従来のように同僚性をもとにインフォーマルに若手教師を育てることが難しくなっている。従来であれば若手教師は自然発生的に先輩教師から支援のもとで育っていくこともできた。そのため，学校が組織的に若手教師を支えていくような仕組みをつくっていくことが求められる。本書では，横浜市で行われているメンターチームを分析することで，組織的なメンタリングを行うにはどうすべきか検討した。メンターチームとは，横浜市教育委員会が提唱した若手教師の相互支援システムである。具体的には，「複数の先輩教職員が複数の初任者や経験の浅い教職員をメンタリングすることで人材育成を図るシステム」（横浜市教育委員会 2011）を指している。

　まず，若手教師にとって効果的なメンターチームとはどのようなメンターチームなのか探るために，メンターチームの観察を行うことで仮説の導出を行い，その検討を行った。その結果，先輩教師の経験談が語られること，若手教師が話せること，自律的活動が若手教師の問題解決に寄与することが示唆された。また，自律的活動において経験10年以上の先輩教師が参加することも，有意傾向ではあるものの，若手教師の問題解決に寄与することが明らかになった。教師の学習において，経験を振り返ることの重要性を①教師の学習で述べた。自律的活動を行うことは，管理職や先輩教師が決めた内容で行うのではなく，みずからの経験をふまえてニーズに合ったメンターチームを行うことにつながる。また，メンターチームにおいて若手教師が話せるということは，みずからの経験も自由に語ることができる場になっているのではないだろうか。そして，先輩教師の経験談が聞けるということは，経験学習における内省的観察や抽象的概念化に機能するのではないだろうか。自分の経験を異なる角度で捉えたり，今後どのように行うべきか自身で仮説や持論をもつ際に，先輩教師の経験談は参考になると思われる。

　次に，メンターチームに対する管理職の効果的な関わり方について分析を

行った．管理職の先輩教師としての側面に注目し，メンターチームにおける授業に関する活動での関わりと，若手教師の問題解決との関係について分析を行った．その結果，授業について若手教師が相談する場面では，管理職が関与するとその職位を意識し，自由に発言しにくくなる可能性もあり，場合によっては見守るというような関わり方も必要であると考えられる．一方，授業のやり方を試すような場面では，管理職を経験豊富で専門性の高い先輩として意識し，そこから得られる管理職のコメントによって，若手教師の問題解決につながっているようすも観察された．

　以上のようにメンターチームの効果的な方法や管理職の関わりについて検討してきた．しかし，現在においては，単にメンターチームがその場限りで効果的に動くことのみを意識していればいいというわけではない．現在ではメンティからメンターへの移行は急速なペースで行われる．メンティであった若手教師は数年後にはメンターとして後輩教師の支援を行うことが求められる．そのような中で，メンターチームのような取り組みを学校の文化として根付かせていくにはどうすべきか考えていかなければならない．そのために，経験6年目の教師を対象に，メンティ時代のメンタリング経験と，現在のメンターとしてのメンタリング行為の関連を分析した．その結果，このように，メンターチームの活動において，自由に話せるという環境で育ったという経験が，自身が先輩教師になった際に，後輩の話を聞き，後輩への情報提供を行うという効果的なメンターチームの連鎖を引き起こしていることがわかった．また，先輩教師から情報提供が行われ，参加者主体に行うことは，学校全体の協働性や専門性を高め，学校の改善にも貢献していることが明らかになった．今後横浜市において，メンターチームを続けていくということは，単に今の世代の学校の若手教師を育て，学校を改善していくというだけでなく，その活動は後輩が先輩教師になった際にも引き継がれていき，学校の文化として根付いていくことにつながるのではないだろうか．

　つまり，メンターチームのような組織的なメンタリングを学校に根付かせていくには，何か特別な仕掛けがいるわけではなく，後輩の話を聞き，情報提供

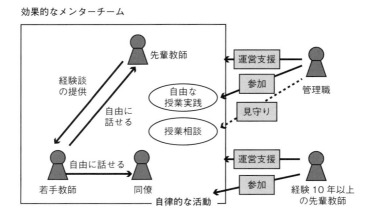

図 14-4　効果的なメンターチームのモデル

を行い，そして，参加者が自律的に活動できるといった，教師の成長につながるであろうと思われる活動を続けていくことが重要であると考えられる。そして，これは，もともと学校がこれまで培ってきた同僚性において重要な要素ではないだろうか。かつては職員室のストーブを囲み，お茶を飲みながら，教師は自由に子どもの話や授業の話などができたという。また，授業研究においても形骸化されたような状況ではなく，教師が自律的に行ってきたという。このような同僚性のもとで行われてきた活動の要素が，メンターチームにおいても重要な要素となっていると考えることもできる。

　ここまで見ていくと，メンターチームという制度は，かつての同僚性をメンターチームという制度の形で支援しようとしているといえる。つまり，学校内における教師のインフォーマルな関係を，フォーマルな制度により支援しているのである。ここでポイントとなっているのは，メンターチームの実際の運営方法や内容は各学校で決めているということである。第10章で確認したように，メンターチームの内容は，各学校の実情に応じて，授業研究を行う場合もあれば，教材研究や学級経営，子どもに関する情報交換や悩みの相談会などそ

の内容は多様である。「企てられた同僚性」(Hargreaves 1994) という言葉もあるように，校内の同僚性に教育委員会が関わっていくことには慎重であるべきである。しかし，メンターチームに関しては，上述したように運営方法や活動内容は学校が自律的に決めていくのであり，各学校の自律性が保証された形で，その実施の支援に教育委員会が関わるという形になっている。

現在社会においては年齢構造や多忙化により従来のような同僚性をもとにした活動を自然発生的に行うことは難しくなっている。そこで，制度として枠組みをつくることで，委員会が実施を支援し，管理職がその実際の運営を支え（時には活動に関わり），校内の教師が自律的に組織的なメンタリングの活動を行うことができ，それによって，若手教師の成長を促していくことができるのではないだろうか。また，最終的には，それはメンターチームという枠組みを超えて，学校全体を改善していくことにつながるのではないだろうか。筆者らがインタビューを続けていくうえで感じたこととして，メンターチームをうまく行っている学校では，メンターチームとメンターチーム外での教師同士の関わりや活動に垣根がないということがある。最初はメンターチームという枠組みで活動を行っているものの，うまくメンターチームが進むことにより，もはやメンターチームを意識しなくとも，日頃から教師同士で様々なやりとりや実践がつくられるようになるのである。

14-4　まとめ

このように，本書ではデータをもとに，若手教師の成長や育成について実証を試みてきた。教師の学習モデルを量的データにより実証し，経験から学ぶことの重要性を再確認した。そして，現代社会で若手教師が中堅教師にいたるまでの節目の経験に着目し，それがどのように成長を促すのか，現在の若手教師のデータをもとに明らかにしてきた。そして，最後に，そのような経験を振り返るために他者がどのように関わるべきなのか，現在の状況を鑑み，組織的なメンタリングをどう行うべきなのか，横浜市で実施されているメンターチーム

第14章 総括 ── 若手教師の成長と育成

のデータを分析することで明らかにしてきた。経験学習を促すような形で，自律的に，自由に話せ，経験談が共有される場が重要であり，それらが長期的には同僚性を高めていくことにつながるのである。また，そのような活動を支えていく委員会の重要性も明らかになった。学校現場，教育委員会との新たな関わり方が見いだされたといえる。次章からは，このような関係について，さらにそこに大学というファクターも含め，これからの学校現場，教育委員会，大学の三者の関係について論じ，これからの教師教育研究のあり様を述べる。第15章では，その実例として，東京大学中原研究室が行ってきた教員研修について紹介する。

第15章 教員研修の変革
——サーベイフィードバックの応用

中原 淳

15-1 はじめに

　第3章で述べたように,本書のモティーフとなったのは,横浜市教育委員会と東京大学中原淳研究室が2011年から2013年の3年間にわたって行った「教職員の育成に関する共同研究」である。この共同研究では,(1) 経験の浅い教員[1],初任教員の育成実態等を量的調査・ヒアリング等によって把握すること,さらにはそれらのデータを (2) 各種の教員研修,フォーラムなどで現場の教員にフィードバックを行い,彼らのリフレクションを喚起し,アクションプランを策定することに役立ててもらうことなどを目的としてきた。人文社会科学の領域に,いわゆる「アクションリサーチ」を喧伝する研究が広まって久しいが,本研究も,実態調査をはじめとする,いわゆる「研究」部分と,それらのデータをデリバーする「研修」や「フォーラム」の開発部分の,いわゆる「実践」から構成されるプロジェクトであった。

　以下,本節では,後者の (2) の実態に関して述べるものとする。なお,研修講師の役割は,2011年から2013年にかけては,おもに監修者である中原が担当したので,本節は,実践者の立場から中原が執筆するものとする[2]。具体的には,2節において「研修設計の指針」,3節において開発した研修の中でも,10年次研修と人材育成フォーラムについて述べ,4節において小括するものとする。

◆1　本章では,横浜市の研修を対象とした章のため,教師ではなく教員と表記する。
◆2　本書の著者である脇本氏,町支氏にも,段階的にその役割を委譲していった。特に2014年に関しては,ほぼ半分は両名が行っている。

第15章 教員研修の変革 —— サーベイフィードバックの応用

15-2 研修設計の指針

　巷間に流布する学校に対する一般的な組織調査は，それが量的調査であれ，質的調査であれ，教育現場の末端の教員にまでフィードバックがなされることは必ずしも多くない。それらの研究データは貴重な知見を有していることが多いものの，ともすれば，研究の現場，ないしは教育委員会内部だけで利用されることもある。筆者が，本研究を成すにあたり，最も意識していたのは，研究知見が現場に返るフィードバックの環をいかに構築するか，ということ——換言するならば，本研究に関する「研究と実践の生態系」をいかに構築するか，ということであった。

　本書の冒頭部において述べたように，筆者は，これまで長年にわたり，企業における人材開発の研究を行ってきた。すべての事例ではないにせよ，筆者が民間企業において大規模な量的調査をなす場合，そこで得た知見などを，当該組織における研修などの機会にフィードバックする，ということを試みることがある（中原 2015）◆3。いわゆる「サーベイフィードバック」とよばれるその手法は，かつてミシガン大学のRensis Likertによって創始され，その後，様々な実践者によって様々な組織変革に役立てられてきたことは，よく知られている事実である。心理学者であったLikertは，1940年代以降，様々な企業においてリーダーシップ等に関する組織調査を行ってきた。彼らの組織調査の一部は，単に研究の現場において利用されるだけでなく，現場のマネージャーなどに対してフィードバックがなされたという。フィードバックされたデータに対しては，現場の管理者などが日々の業務や職場の問題点などを話し合い，協議

◆3　多くの企業における人材開発研究を実施していく中で，筆者に蓄積された実践知であり，確信に近いことの1つは「現場の人々に刺さる内容とは，その現場のデータである」ということである。しかし，現場のことをそのままフィードバックしても，「現場の人々」には刺さらない。みずからが仕事を行い，関わっている現場を，研究方法論という眼鏡を通して見たとき，何が見えてくるのか。ふだん「見てはいるけれど，気づいていないもの(Seen but not noticed)」をデータとして提示されたとき，現場の人々はオーナーシップを示す可能性が高い。

がなされた。それらの協議の果てに、組織の今後を決めるアクションプランの策定などを行ったという（Burke 1982）。

本研究では、第3章で既述したように、筆者が総括代表を務める研究グループは、1年目・2年目・3年目・6年目・11年目の教員の方々に3年間のあいだ質問紙調査を実施してきた。それらは、筆者の指導のもと、本書の著者である脇本・町支によって分析されてきたが、それらの一部は研修の内部で様々な形でフィードバックされ、現場の教員の方々に日々の教育活動のリフレクションを促すために用いられてきた。

サーベイフィードバック――とりわけ量的調査のデータに関するフィードバックは工数が高く、労力がかかるため、おそらく学校では、あまり試みられてこなかった。一般的な研修では、リフレクションの大切さなど、アカデミズムの世界で流布する教師教育の理論や専門用語を講演などで提示し、その説得をもって、現場を動かそうとするのだろうが、それが場合によっては現場を生きる人々から「遠い現場」の提示になることを、筆者は長年の組織研究において実感してきた。よって、学校研究においても、この試みに参加してくれる現場の教員が、「自分事」として「オーナーシップ」をもちうる量的データを取得して、フィードバックすることが重要だと考えた。

調査データを携え、これまで筆者が登壇した研修は、10年次研修、副校長研修、校長研修、またそれらに加えて、よこはま教師塾の教員希望者たちに対する講義などがある。

その中でも最も重要だと思われるのが、10年次の教員に対する法定研修である。横浜市の10年次研修は、10年次教員が学校のミドルリーダーとして学校を回す中核として活躍するきっかけをつくることを企図して行われていた。具体的には、横浜市の学校内人材育成手段の1つである「メンターチーム」を円滑に運営するべく、10年次教員がミドルに必要とされるリーダーシップを行使できるよう、研修全体が横浜市教育委員会によって開発されていた。筆者が担当したのは、その一部、具体的には夏に実施される、約3時間にわたる10年次研修のワークショップと、同じ参加者を対象にして、約半年後の冬に

実施される約2時間の人材育成フォーラムである。ワークショップと人材育成フォーラムとは一見別個に見えるが，相互に連動している。前者のワークショップにおいては，調査結果をフィードバックしながら，10年次教員がミドルとして学校運営（とりわけ後輩の育成）に関わる意識を醸成し，日々の学校業務をリフレクションし，みずから成しうるアクションプランを策定してもらうことが目指される。後者の「人材育成フォーラム」においては，半年間かけて実践したアクションをフォローアップし，各学校ごとの試みをさらに継続してもらうことを求める。後者の「人材育成フォーラム」においては，近年，10年次教員のみならず，10年次教員をサポートする役割を有する副校長も参加している。以下，これらについて詳細を述べる。

15-3　ワークショップ

10年次教員に対するワークショップは，夏休みに3時間をかけて，1回に約250名の教員を対象に行われる（合計6時間，約500人）。一般には，250人を一同に集める研修を，いわばワークショップスタイルで，双方向，かつ受講生同士が対話を深める形で行うことは，かなりの困難をきわめることが予想されるが，法定研修内での実施なので，少人数にすることは難しい。これが本ワークショップの最大の挑戦であるが，過去3年間にわたって，実施運営上の困難が生じたことは皆無である。こうした大規模なワークショップスタイルの，参加者同士の対話を盛り込んだ研修運営は，近年の組織研究においては大規模介入法（large scale intervention）とよばれ，筆者もこれまで数多くの機会において実践してきた。

それでは，このワークショップは，どのように構成されているのか。以下，それを論じる。

（1）ワークショップ冒頭部

ワークショップは図15-1のように，約500人の10年次教員が横浜市西区花

15-3 ワークショップ

図15-1　１０年次教員に対するワークショップのようす

咲町の研修施設に集まって実施される。午前中250人，午後250人の教員がそれぞれ全市から集まって，3時間かけて実施される。6人のグループに分かれて，合計約40のグループでワークショップがスタートする。

　筆者がレクチャーを行うのは，調査結果のフィードバックなどを行う部分だけで，連続で20分以上話すことはない。それ以外の時間は，グループでのディスカッションやエクササイズに時間をあてる。様々なエクササイズや対話を通して，限られた時間の中で，日々の業務をみつめ，リフレクションをしてもらうことを目指すのである。

　研修の受講生には「この研修は，聞いて，聞いて，聞いて，帰る式の研修ではなく，聞いて，考えて，対話して，気づくことを目指す研修」であることを述べ，いくつかのエクササイズを通して（launch session），学ぶための準備を整えてもらう。グループでの自己紹介などを行い，この場が安全な場であるという雰囲気をつくる。それらが終わり，レディネスを確保できたら，いよいよワークショップの本編に入る。

(2) 本編

ワークショップの本編において，筆者が，受講生に提供するのは下記の内容である。

① 10年次教員がミドル教員として，今まで以上に学校づくりに関与してほしいことを，組織論の知見を引用しながら講義する。
②とりわけ，現在の学校においては，経験の浅い教員の能力形成，経験ある教員から初任教員への技術の継承，チームとしての学校運営などが問題となりつつあり，それに関する横浜市の現状を，調査結果をもとにフィードバックする。

ここで最も重要なのは，言うまでもなく②の部分である。お仕着せの理論や，他の県のデータを用いてフィードバックを行うのではなく，「自分たちの学校のデータ」で，オーナーシップを感じることのできる結果を受講生にフィードバックすることである。この頃になると，受講生のあいだに，「みずからの学

図15-2　講義のようす

校を見直してみようか」という雰囲気が生まれてくる。

　そのような頃合いになって行われるのが，LEGOブロックを用いたエクササイズである。このワークでは，4つのグループに一揃いのLEGOブロックを配付し，それらを用いて様々なオブジェをつくってもらう。

　先ほどのサーベイフィードバックが，いわゆる「抽象‐数字の世界」ならば，今度，LEGOを用いて実施するワークとは「具体‐物語の世界」である。参加者に取り組んでもらいたいのは，「チームとしての自校の現在の状況，とりわけ若手教員の仕事や育成に関する印象的な出来事をLEGOブロックで表現すること」である。

　が，ここで大切なことは，いきなりこの課題を受講生に投げかけることはしない。いったん「自分が若手であった頃，すなわちこの10年間に起こった出来事で，自分を一回り成長させた出来事」をLEGOブロックで表現することから始めてみる。

　受講生にとってみれば，「自分の物語」は「自分事」であり，経験の浅い教員や学校のことは，いわば「他人事」である。「他人事」は，物語を紡ぐこと

図15-3　LEGOを用いたワーク

第15章 教員研修の変革 —— サーベイフィードバックの応用

図 15-4　LEGO で物語を紡ぐ

になれていない教員にとってはハードルは高い。よって，いったん「自己の物語」を紡ぐことで，その後，いわば「他人事」の物語を紡ぐ布石とするのである。

　LEGO ブロックの作成にかける時間は 5 分程度である。この 10 年間で最も自分を成長させた出来事に関しては，生徒指導，学級運営，保護者対応などをあげる教員が多い。色とりどりのオブジェが，この頃にはでき上がる。全員が作品づくりを終えたら，それぞれのグループで，この物語のシェア（共有）を行う。一人ひとりの物語の発表が終わったら，必ずグループ内で拍手をするようにファシリテーションする。そうすれば，相互承認の雰囲気が部屋全体に伝わっていく。

　その後は，いよいよ，「チームとしての自校の現在の状況，とりわけ若手教員の仕事や育成に関する印象的な出来事」を表現する時間である。今度は，自分のストーリーではなく，他人のストーリーを紡ぐことに挑戦するが，数分たてば，それぞれの学校の様々な問題点——とりわけ経験の浅い教員に関する問題点が浮かび上がってくる。仕事量が多く，若手が否定している現場。保護者との信頼関係構築に苦慮している若手の姿，などが浮かび上がってくる。

図 15-5　浮かび上がる問題点と解決策

　ここまで来たら，また語りのモードを変える。「具体−物語の世界」から「抽象−数字の世界」へと受講生らを誘うべく，再び調査データを紹介する。
　ここで提示するのは，経験が浅い頃，自分たちは現場で生じる様々な困難をどのように解決してきたのかということである。経験 11 年目教師（つまり 10 年次）調査のデータを提示する。現在の 10 年次教員が，様々な困難にぶちあたった際，誰に頼ってそれを解決してきたのか。それは，調査の結果によると先輩教員だ。このようなデータをもって「今度は，みなさんが，若手をサポートしてあげてください」と結論づける。
　その後は，何をどのように行うか—アクションプランをつくる段である。現在，学校ではメンターチームがどの程度活動しているか。10 年次教員として何をどのように介入し，どのようにその状況を活性化したらよいのか，などを議論してもらう。
　既述したように，筆者が担当しているのは，10 年次の法定研修のうち，3 時間のパートである。この後，学校を活性化する手段としてのファシリテーション技術など，横浜市教育委員会による研修が続く。これら一連の教育内容をもっ

第15章　教員研修の変革 ── サーベイフィードバックの応用

図 15-6　ヒント集

て，経験のある教員が若手教員をサポートする学校の人材育成システムの再構築が目指される。

　ちなみに，ワークショップ内部においては，調査データをもとに横浜市教育委員会が開発し，筆者が監修を務めた「横浜型育ち続ける学校」「みんなで育てる！みんなが育つ！［人材育成の鍵］」などのヒント集が配付され，適宜，利用されていた。

15-4　人材育成フォーラム

　人材育成フォーラムは，夏のワークショップから約半年後に開催される。夏から冬までの半年間をかけて，各校種において，経験の浅い教員を支える施策をどのように行ってきたのか。それに関するフォローアップを行うことがおもな目的である。学校づくりに10年次の中堅教員を関与させることは，管理職の理解ぬきでは達成されない。会場には，約500人の10年次教員に加えて，各学校の副校長も参加して，合計約1000人が一同に会して行われる。

15-4 人材育成フォーラム

図 15-7　人材育成フォーラムのようす

　冒頭の教育委員会のあいさつの後，筆者が登場し，約半年前に実施した内容のフォローアップを 15 分程度で行う。調査データから示された若手教員をサポートするコツなどをクイズ形式で思い出してもらう。

　その後は，おもに小学校，中学校，特別支援学校，高校などの各校種の 10 年次教員の中から代表者 3 人が，それぞれの取り組みについてプレゼンテーションを行う。プレゼンテーションは，いわば TED スタイルで行われ，聴衆を魅了することを求める。

　その後は，約 1000 人の参加者が隣同士 3 人程度で自己紹介をし合い，プレゼンテーション内容に関して，対話を行う。プレゼンテーションに関する感想や，自校の取り組みなどの共有が対話の素材となる。

　最後には，先ほどプレゼンテーションを行った 3 人の 10 年次教員を支える管理職が登壇し，ペアになって，筆者とのトークを行う。壇上にはペアになった 10 年次教員と管理職のペア 3 組が登壇し，各校における現状や課題についてショートトークを繰り広げる。

　このようにして，けっして一方向的に情報を提供するだけでなく，約 1000

人規模の対話を差し挟みながら，人材育成フォーラムは終了する。

15-5 終わりに

　本研究プロジェクトに際して，筆者はこのような取り組みを3年にわたって行ってきた。プロジェクト終了後も，現在にいたるまで取り組みは続いており，しだいに定着してきた感がある。3年目あたりからは，筆者が行ってきた役割を，徐々に若い研究者である本書の著者らに委譲している。

　近年，教員が学ぶ環境を整備する必要性が述べられている。が，研修のあり方は，あまり改善が進んでいないという意見も聞く。学校現場における学びを創り出す側の教員の学びの環境は，「オーナーシップ」を感じることのできるデータからなる最先端の知見，そしてインタラクティブなファシリテーションから構成されるべきである。

第16章 これからの教師教育研究
——学校現場・教育委員会・大学の三者間連携

町支大祐・脇本健弘

　本書の研究結果は，横浜市教育委員会と東京大学中原淳研究室との共同研究を通じて得られたものである。両者が共同で行ったプロジェクトは，第4章～第14章で示した調査とその分析，第15章で述べた教員研修などである。本章では，現代の若手教師が置かれた状況を改めてふまえながら，このプロジェクト全体の意義を整理していきたい。

16-1　メンターチームに関わる全体的な取り組み

　本研究が調査対象としてきた横浜市のメンターチームは，2006年度から始まった。大量採用により，これまでの育成方法では若手教師を支えきれなくなったことから，新たな育成のあり方が模索され，メンターチームの導入が進められた。この動きを主導したのは，言うまでもなく横浜市教育委員会である。
　横浜市教育委員会は，この仕組みについて啓発を行っていくと同時に，その仕組みのあり方について，探究を行ってきた。これまでもその探究の成果は『「教師力」向上の鍵──「メンターチーム」が教師を育てる，学校を変える！』（横浜市教育委員会 2011）というタイトルで出版され，横浜市のメンターチームの取り組みは全国に広がっている。そして，この探究にともに取り組むことになるのが，東京大学中原淳研究室である。2011年から共同研究が始まり，質問紙調査とヒアリングを併用した調査を行い，膨大なデータをもとに分析を行った。その具体的な結果は第5章から第14章で示してきた通りである。
　ところで，こういった取り組みは，必ずしもめずらしいわけではない。教育委員会と研究機関との共同は，むしろ一般的である。しかし，今回の横浜市教育委員会と中原淳研究室の取り組みは，その他にも特徴的な点をもっている。次節では，まず，それらの点について整理することから始めたい。

16-2 3つの特徴

 以下，今回のプロジェクトに関わる，3つの特徴について述べていきたい。

 まずは，横浜市教育委員会の働きかけの特徴である。それは，教育委員会がメンターチームという仕組みを呈示する際に，1つの決まりきった仕組み・やり方を示すのではなく，各学校の風土や文化，当事者として存在する教師らの考えを尊重してきた点にある。「513通りのメンターチーム[1]」という言葉にも表れているように，すべての学校にはそれぞれの学校なりのやり方があり，横浜市教育委員会はそのあり方を柔軟に支援してきたといえる（横浜市教育委員会 2011）。実際，前述した『「教師力」向上の鍵——「メンターチーム」が教師を育てる，学校を変える！』（横浜市教育委員会 2011）においても，ピアな関係を重視したものから，校長を中心とした取り組みまで，幅広い実践が取り上げられている。このような多様なあり方が存在し，効果を発揮し得たのは，教育委員会の柔軟な働きかけがあったからである。

 2点目は，中原淳研究室の調査のあり方である。これは1点目の特徴にも関わっている。仮に，教育委員会が固定的な手法を学校に導入させていたとしたら，中原研究室に求められていたのは，その手法の評価であったかもしれない。もちろん，ある手法の評価をすることは重要である。しかし，本研究のように探索的に行うことは適わなかったであろう。中原淳研究室は，それまでも，様々な領域で人が育つ組織のあり方等の調査を行ってきた（例えば，中原 2010）が，今回，そのような専門性を生かし，組織要因や，個人の状態なども含め，幅広く探究的な調査を行った。そのプロセスでは，横浜市教育委員会と中原研究室が一緒になって，質問紙の作成と定量的調査の実施，そして，訪問調査と聞き取りを行った。このように協働探究的な姿勢で取り組んだことも，今回のプロジェクトの1つの特徴である。

◆1　平成21年度・22年度における横浜市立小学校，中学校，高等学校（全日制・定時制），特別支援学校の総計が513校である。

そして，3点目が，最も特徴的な「サーベイフィードバック」である。自分たちから，あるいは，自分の同僚たちから得たデータを，当事者たちに返すという試みである。2点目に示した協働探索的な調査も，最終的に学校現場に返すことを想定して行ったものである。このサーベイフィードバックの歴史的理論的背景は，第15章でもふれた通りであるが，最も特徴的であるのは，そのデータの提供を通じて，当事者らの「オーナーシップ」を喚起させる点である。つまり，自分事としてそのようなデータの提供を受けることによって，当事者らの「気付き」を喚起することを目的としている。

　本プロジェクトは，このような特徴をもっていたが，これらは現代の社会状況，特に，若手教師が置かれている状況とどのように関わるのであろうか。次節ではこの点について述べていく。

16-3　大量採用時代における教師教育研究の提言

　本書の冒頭でも述べた通り，現代の学校教育，特に都市部においては，ベテランの大量退職と大量採用が起きている。そして，それは今後地方においても広がっていくと考えられている。

　第14章の繰り返しにはなるが，大量採用時代における教師教育研究の提言のために，ここでもう一度本書のまとめを行う。本書の第4章から第9章にかけては，そのような状況でどのように若手教師が成長しているか，という点からの分析であった。現在の状況においても，やはり，日常の経験から，そして，周囲の同僚から学び，成長する姿が伺え，学校内に育成の場をつくっていくことの重要性が観察されたといえる。一方，それ以外にもう1つ特徴的な点が観察された。それは，かつてに比べ，キャリアが早回しになっている点である。学生時代にすでに適応のきっかけをつかみ，そして，経験が浅い段階においても，一定のリーダー的な役割を担っていた。本書の調査のみでこれが確定的に言えるわけではないが，そういったキャリアの早回しという特徴の一端は見えたのではないだろうか。

第16章　これからの教師教育研究——学校現場・教育委員会・大学の三者間連携

　そして，第10章から第13章においては，いかにして学校内に育成の環境や関係をつくっていくのか分析を試みた。得られた知見は様々にあるが，その中で，効果的な若手育成の環境をつくるうえでの最も特徴的な部分をワンワードで表すなら，それは，自律的な活動であろう。若手自身の悩みからスタートし，それに対応する形で，自分たちで育成組織の運営を行っていく。そして，ベテランや管理職らも，それを尊重しながら育成の場を支援していくという関わりをもっていた。

　以上のような知見と社会状況とを合わせて考えると，本プロジェクトの特徴および位置づけが整理できる。

　まず，現在の状況の根本的な前提となっているのは，若手の大量採用である。大量採用が行われるということは，同時に，若手の多様性が増すということでもあるだろう。かつてのように，高倍率で採用を行っていた時期は，よくも悪くも，厳しい試験を乗り越えた一握りの人材が若手として現場に入ってくる時代であった。しかし，現在は，大量で多様な人材が若手教師になっている。これは，悲観すべき点ではなく，子どもや地域の多様性が増していること等を考えると，学校内の人材の多様性が増すことは学校組織の柔軟性にもつながる可能性があると考えられる。

　しかし，若手の多様性は，育成の難しさにも同時につながるものであろう。異なるバックグラウンドをもち，様々な被教育経験をもっていることを考えると，適合する育成環境も多様であると考えられる。まして，学校の置かれた環境もそれぞれ異なっている。これらをふまえると，すべての学校にあてはまる絶対的に正しい画一的な手法は考えらない。だからこそ，「513通りのメンターチーム」となる。

　横浜市の取り組みは，全体的な枠組みを示しつつも，やり方については押しつけず，その学校に合ったやり方で取り組むことを推奨している。これは，学校の状況に合わせた，という意味だけでなく，その学校の若手の状況に合わせたやり方で行うという意味でもあるのではないだろうか。

　この点は，本書から得られた「自律的な活動」という知見とも合致している。

本書の知見でいう「自律性」は，学校内での自律性である。若手自身が，みずからの悩みや想いをもとに運営していくという意味である。しかし，学校内で自律的な運営を行えるということは，その前提条件として，教育委員会が学校に自律的な取り組みを支援していることが背景にある。仮に，教育委員会が特定の手法を求めていたら，そこで，責任者として指定された者は，学校内の若手の状況をもちろん考慮するであろうが，それを出発点にするのではなく，求められた手法に中心的に依拠することになるであろう。教育委員会が柔軟なあり方を支援し，そして，学校の中でも自律的な活動が行われる関係，この関係が，大量採用時代の若手育成には必要であると考えられる。

しかし，この関係は，ある種の難しさを秘めている。柔軟性と自律性を過度に強調した場合，取り組みを行うことのコストや難しさばかりが強弁され，そもそも若手教師の育成自体が十分に行われない可能性も考えられる。今回の場合，このようなことにならず，メンターチームという取り組みが10年弱続けられ，定着してきた背景には，横浜市教育委員会による様々な形での働きかけがあったと考えられる。前述した書籍（横浜市教育委員会 2011）やヒント集（リーフレット）（第15章204頁），研修等を通して，様々に啓発を行ってきた。柔軟なやり方を認めながら，それでいて，取り組みの持続性と効果性を確保するため，学校に対して，ヒントになるような，有用な情報を発信し続けてきたといえる。

この，有用な情報の獲得と発信について，中原淳研究室と横浜市教育委員会が協働探究的に取り組んできたと考えられるのではないだろうか。学校現場からの多様なデータをもとに，これまで蓄積してきた組織調査に関する理論的技術的専門性を発揮し，この「有用な情報」を探索することに努めてきた。そして，これは単に基礎データとするだけでなく，実際に学校現場に返すという取り組みが行われた。サーベイフィードバックは，前述した通り，オーナーシップを重視する取り組みである。学校の実情や学校の若手の実情を無視しない形で，しかし，当事者らの気付きを促し，自律的な取り組みに繋げるという意味で，前述の関係（柔軟性と自律性）に適合的なやり方であると考えられる。

第16章　これからの教師教育研究──学校現場・教育委員会・大学の三者間連携

　そして，柔軟性と自律性の関係を保ちつつ，若手の育成を継続的に行うためのもう1つの鍵が，学校内に育成のサイクルをつくっていくことであろう。育てられた側が育てる側に回り，そこで育てられた側が次に育てる側に回る，というサイクルがつくられるとき，若手の育成が持続的に行われるのではないだろうか。おそらく，これは，古くから日本の学校で行われてきたことである。同僚との関係の中で育てられた教師は，自然と，同僚を育てる側に回るということが行われてきたのではないだろうか。しかし，本書の前半の調査でわかった通り，大量採用という背景があるため，キャリアの早回しが起きている。かつてであれば，徐々に後輩が増え，育てる側の立場を自覚するまでにじっくりと時間がとれていた。しかし，近年は，育てられる側から後輩をもって育てる側に立つまでの転換が早い。メンターチームという取り組みが若手を中心に自律的に取り組まれることによって，その自律的取り組みを中心的に担う経験10年目前後の教師の意識づけが必要となる。13章で見たメンティーからメンターへの移行は，このような育成の世代継承性の一端を示しているともいえよう。

　そして，サーベイフィードバックはこの点にも関わっている。データの提供が中心的に行われたのは，10年次教員である。第15章でも述べた通り，これは10年次教員がミドルであることの自覚を高めるためにも行われていた。そのために，説得力あるデータを示すとともに，当時者の気付きを促すような取り組みが行われてきた。

　今回のプロジェクトは，このような関係性を有していたと考えられる。これは，今後，大量採用が訪れる可能性のある各自治体においても，あてはまりうる関係であろう。

　改めて，その関係を整理する。

　大量採用を行うということは，同時に若手教師の多様性が増すことを意味している。その場合，学校の実情も考えると，効果的な手法は1つに定めることはできない。教育委員会は，若手教師の育成を進めなければならない状況に直面する一方，その手法を強固に定めることも効果的ではないため，各学校にお

ける自律的な取り組みを促す方向で働きかけることが適合的になる。

　このような教育委員会の実情において，大学などの研究機関は様々に貢献することができるのではないだろうか。柔軟なやり方を認めつつ，自律的で継続的な取り組みを実現するには，その取り組みについての有用な情報の獲得と発信が必要である。

　各自治体の実情をふまえ，多種多様なデータから有用な情報を抽出していくこと，そして，サーベイフィードバックの形で，つまり，学校現場に返すことを想定に入れて調査を行い，その結果を解釈し，伝えていくこと，こういった部分は，研究機関にとって専門性を発揮しうる部分ではないだろうか。

　併せて，大量採用は，キャリアの早回しも意味している。10年前後の経験の教師に，「育てる側に回ったこと」を気づかせ，実際，みずからの学校の実情に合わせた自律的な育成に意識を向けさせるためには，オーナーシップを重視した伝え方が必要であるといえよう。

　このようなサーベイフィードバックを含んだ協働探究的な教師教育研究は，これまでも行われてこなかったわけではないだろう。しかし，本書で得られた知見をふまえると，大量採用時代には，より必要なスタンスになると考えられるのではないだろうか。かつて，教育委員会と大学は，教員養成と現職教育という異なる場での教師教育を行ってきた。それが「養成と研修の一体化」という考えのもと，様々な場で協力する形が表れてきた。協働での研修の開発（例えば，古田ら 2006；森 2004；愛知県教育委員会 2012）なども行われるようになってきた。本節で提言した教師教育研究のあり方は，このような方向性に位置し，「教育委員会と大学の相互のリソースの相乗効果を求める協働（篠原 2012）」のうちの1つの形になりうるものではないだろうか。今後，こういった形での教師教育研究が行われることが必要であると，筆者らは考える。

引用参考文献

■ 1章

明石要一・保坂 亨（2011）初任者教員の悩みに答える．教育評論社
天笠 茂（2007）若手教師をどのように活かし育てるか．教育展望，**53**(5): 4-11
Becker, G. S. (1976) *Human Capital: A Theoretical and Empirical Analysis, with Special Reference to Education.* National Bureau of Economic Research. （訳）佐野陽子（1976）人的資本―教育を中心とした理論的・経験的分析．東洋経済新社
ベネッセ教育総合研究所（2007）VIEW21．7月号
ベネッセ教育総合研究所（2011）第5回学習指導基本調査
千々布敏弥（2005）日本の教師再生戦略．教育出版
藤井千恵子（2007）初任者及び若手教員の育成―港区教育委員会の取り組み．教育展望，**53**(5): 28-35
平井貴美代（2002）教師の日常生活．小島弘道・北神正行・平井貴美代（著）教師の条件―教師と学校をつくる力．学文社，pp. 141-160
小島 宏（2007）若手教師の学級づくり・授業づくり．教育展望．6月号
国立教育政策研究所（2014）教員環境の国際比較 OECD国際教員指導環境調査（TALIS）2013年調査結果報告書
久冨善之・佐藤 博（2010）新採教師はなぜ追いつめられたのか―苦悩と挫折から希望と再生を求めて．高文研
久冨善之・佐藤 博（2012）新採教師の死が遺したもの―法廷で問われた教育現場の過酷．高文研
教育調査研究所（2008）若手教師の悩みの実像．研究紀要，**88**: 17-46
京都市教育委員会（2008）第2期「京都教師塾」入塾者募集ガイド
文部科学省（2012a）学校教員統計調査
文部科学省（2012b）「通常の学級に在籍する発達障害の可能性のある特別な教育的支援を必要とする児童生徒に関する調査」調査結果
文部科学省（2012c）「日本語指導が必要な児童生徒の受入れ状況等に関する調査（平成24年度）」の結果について
文部科学省（2013）教職員のメンタルヘルス対策検討会議の最終まとめについて
森 浩平・田中敦士（2012）特別支援教育に携わる教師の精神健康度とストレス要因―メンタルヘルスチェックの分析結果から．琉球大学教育学部紀要，**80**: 183-189
成田幸夫（2007）若い教師を育てる―各校で取り組む若手育成プラン．教育開発研究所
成田幸夫（2010）新任・若手教員を育てる校内体制．教職研修，**38**(7): 26-29
野田敏孝（2011）指導教員のための初任者研修ガイドブック―準備と進め方のポイント．北大路書房
大阪府教育委員会（2008）大阪府における大量退職・大量採用時代の教員育成の在り方．BERD，**14**: 24-28
柴山秀樹（2007）教師をめぐる新しい動き．1．教師の新たな役割．古橋和夫（編）改訂教職入門―未来の教師に向けて．萌文書林，pp. 141-149
島田 希（2011a）現職教師の成長とその契機．高谷哲也（編著）教師の仕事と求められる力量―新たな時代への対応と教師研究の知見から．あいり出版，pp. 196-208
島田 希（2011b）教師の力量形成を促す試み．高谷哲也（編著）教師の仕事と求められる力量―新たな時代への対応と教師研究の知見から．あいり出版，pp. 183-195
Stigler, J. W. & Hiebert, J. (1999) *The teaching gap: Best ideas from the world's teachers for improv-*

引用参考文献

　　　　ing education in the classroom. New York, NY: The Free Press
須田敏男（2014）若手教員指導成功の秘訣―現場教師の悩みを解決！．明治図書
東京都教育委員会（2015）東京都教員人材育成基本方針【一部改正版】
東京都教職員研修センター（2008）東京教師養成塾事業案内
八尾坂　修（2006）指導教員のための初任者研修の進め方．教育開発研究所
横浜市教育委員会（2014）よこはま教師塾「アイ・カレッジ」募集要項
横浜市教育委員会（2011）「教師力」向上の鍵―「メンターチーム」が教師を育てる，学校を変える！．時事通信社
油布佐和子（2007a）教師のストレス・教師の多忙化．油布佐和子（編）転換期の教師．放送教育大学教育振興会，pp. 12-26
油布佐和子（2007b）教師―地域・保護者の関係と現在の課題．油布佐和子（編）転換期の教師．放送教育大学教育振興会，pp. 64-77

■2章

秋田喜代美（1999）教師が発達する筋道―文化に埋め込まれた発達の物語．藤岡完治・澤本和子（編）授業で成長する教師．ぎょうせい，pp. 27-39
秋田喜代美（2006）教師の生涯発達と授業づくり．秋田喜代美（編）授業研究と談話分析．放送大学教育振興会，pp. 217-227
Bransford, J., Derry, S., Berliner, D., Hammerness, K. & Beckett, K. L. (2007) Theories of Learning and Their Roles in Teaching. Darling-Hammond, L. & Bransford, J. (eds.) *Preparing Teachers for a Changing World: What Teachers Should Learn and Be Able to Do.* Jossey-Bass, pp. 40-87
千々布敏弥（2005）日本の教師再生戦略．教育出版
Clark, C. M. & Lampert, M. (1986) The Study of teacher thinking: Implications for teacher education. *Journal of Teacher*, **37**(5): 27-31
Elbaz, F. (1981) The Teacher's "Practical Knowledge": Report of A Case Study. *Curriculum Inquiry*, **11**(1): 43-71
Flanders, N. A. (1970) *Analyzing Teaching Behavior.* Addison-Wesley
花本　明・岸田正幸（2013）教員の資質能力向上を図るための初任者研修の高度化．和歌山大学教育学部教育実践総合センター紀要，**23**: 225-232
Hargreaves, A. (2006) Four Ages of Professionalism and Professional Learning. Lauder, H., Brown, P., Dillabough, J-A. & Halsey, A. H. (eds.) *Education, Globalization And Social Change.* Oxford University Press.（編訳）苅谷剛彦・志水宏吉・小玉重夫（2012）教職の専門性と教員研修の四累計．グローバル化・社会変動と教育2―文化と不平等の教育社会学．東京大学出版会，pp. 191-218
波多野誼余夫・稲垣佳世子（1983）文化と認知―知識の伝達と構成をめぐって．坂元　昂（編）．思考・知能・言語．現代基礎心理学7．東京大学出版会，pp. 191-210
服部　晃（2009）「法定研修」としての教職初任者研修の現状と課題．日本教育情報学会学会誌．教育情報研究，**25**(3): 3-14
姫野完治（2013）学び続ける教師の養成．大阪大学出版会
Huberman, A. M. (1992) Teacher development and instructional mastery. Hargreaves, A. & Fullan, M. G. (eds.) *Understanding teacher develoment.* Teachers College Press, pp. 122-142
今津孝次郎（1979）教師の職業的社会化（1）．三重大学教育学部紀要．教育科学，**30**(4): 17-24

今津孝次郎（1996）変動社会の教師教育．名古屋大学出版会
木原俊行（2012）授業研究と教師の成長．水越敏行・吉崎静夫・木原俊行・田口真奈（著）授業研究と教育工学．ミネルヴァ書房，pp. 30-60
岸本幸次郎・岡東嘉隆・林　孝・小山悦司（1982）教師の職能成長モデル構築に関する研究Ⅲ—教師のキャリアと研修体系をめぐって．教育学研究紀要．**27**: 181-188
小島秀夫・篠原清夫（2012）教師の職業的社会化過程の研究—パネル調査の分析．茨城大学教育学部紀要．教育科学．**61**: 411-420
紅林伸幸（2002）教員社会と教師文化—同僚性規範の変質の中で．日本教師教育学会（編）教師として生きる．学文社，pp. 95-112
南本長穂（1995）児童・生徒への対処に見る教師の行動（1）教師の職業的社会化へのパースペクティブ．愛媛大学教育学部紀要．教育科学．**41**(2): 1-19
永井聖二（1977）日本の教員文化—教員の職業的社会化研究（Ⅰ）．教育社会学研究．**32**: 93-103
日本教育工学会（2000）教育工学事典．実教出版
坂本篤史・秋田喜代美（2008）授業研究協議会での教師の学習—小学校教師の思考過程分析．秋田喜代美・キャサリン・ルイス（編著）授業の研究教師の学習．明石書籍，pp. 98-113
佐藤　学（1996）教育方法学．岩波書店
佐藤幹夫（1982）戦前における教員研修の展開とその特質．牧　昌見（編）教員研修の総合的研究．ぎょうせい，pp. 155-183
Schön, D. A. (1983) *The Reflective Practitioner: How Professionals Think in Action.* NY: Basic Books.（訳）佐藤　学・秋田喜代美（2001）専門家の知恵—反省的実践家は行為しながら考える．ゆみる出版
清水毅四郎（2002）同僚と共に生き実践する．日本教師教育学会（編）教師として生きる．学文社，pp. 51-66
Stigler, J. W., & Hiebert, J. (1999). *The teaching gap: Best ideas from the world's teachers for improving education in the classroom.* New York, NY: The Free Press
田中一生（1975）新任教員の職業的社会化過程—学校組織論的考察．九州大学教育学部紀要．教育学部門．**20**: 137-151
山﨑準二（2002）教師のライフコース研究．創風社
山﨑準二（2007）教師としての力量形成—ライフコース研究の立場から．人間教育研究協議会（編）教師という道—"教師バッシングを乗り越えて"．金子書房，pp. 66-79
山﨑準二（2012）教師の発達と力量形成．創風社
油布佐和子（2007a）教師のストレス・多忙．油布佐和子（編）転換期の教師．放送教育大学教育振興会，pp. 12-26
油布佐和子（2007b）教師集団の変容と組織化．油布佐和子（編）転換期の教師．放送教育大学教育振興会，pp. 178-192
横浜市教育委員会（2011）「教師力」向上の鍵—「メンターチーム」が教師を育てる．学校を変える！．時事通信社

■3章
淵上克義（2005）学校組織の心理学．ナカニシヤ出版
伊藤美奈子（2000）教師のバーンアウト傾向を規定する諸要因に関する探索的研究．教育心理学研究．**48**(1): 12-20
木村　充（2012）職場における業務能力の向上に資する経験学習のプロセスとは．中原　淳（編著）

■■■■ 引用参考文献

　　　　職場学習の探求．生産性出版
尾形真実哉（2012）プロフェッショナルのキャリア初期における組織適応タイプに関する実証分析．日本経営学会誌，**29**: 54-67
小川憲彦・大里大助（2010）組織文化と組織社会化戦術の関連．法政大学イノベーションマネージメントセンター，ワーキングペーパー，**97**
坂柳恒夫（1999）成人キャリア成熟尺度（ACMS）の信頼性と妥当性の検討．愛知教育大学研究報告．教育科学，**48**: 115-122
迫田裕子・田中宏二・淵上克義（2004）教師が認知する校長からのソーシャル・サポートに関する研究．教育心理学研究，**52**(4): 448-457
Tschannen-Moran, M. & Woolfolk Hoy, A.（2001）Teacher efficacy: capturing an elusive construct. *Teaching and Teacher Education*, **17**: 783-805
露口健司（2003）信頼構築を志向した校長のリーダーシップ—リーダーシップ・信頼・学校改善の関係．教育経営学研究紀要，**6**: 21-37
山﨑準二（2002）教師のライフコース研究．創風社

■4章

Dewey, J.(1938) *Experience and education*. Kappa Delta Pi Lecture, FreePress.（訳）市村尚久（2004）経験と教育．講談社
稲垣忠彦・佐藤　学（1996）授業研究入門．岩波書店
木村　充（2012）職場における業務能力の向上に資する経験学習のプロセスとは．中原　淳（編著）職場学習の探求．生産性出版
Kolb, D.A.(1984) *Experiential learning: experience as the source of learning and development*. Englewood Cliffs, NJ: Prentice Hall
Korthagen, F. A. J., Kessels, J., Koster, B., Lagerwerf, B. & Wubbels, T.(2001) *Linking Practice and Theory: The Pedagogy of Realistic Teacher Education*. Routledge.（訳）武田信子・今泉友里・鈴木悠太・山辺恵理子（2010）教師教育学—理論と実践をつなぐリアリスティック・アプローチ．学文社
中原　淳（2013）経営学習論．東京大学出版会
Schön, D. A.(1983) *The Reflective Practitioner: How Professionals Think in Action*. NY: Basic Books.（訳）佐藤　学・秋田喜代美（2001）専門家の知恵—反省的実践家は行為しながら考える．ゆみる出版
武田信子・山辺恵理子（2012）キーワードで学ぶ教師教育のリアリスティック・アプローチ．ネットワーク編集委員会（編）授業づくりネットワーク No.8—教師のリフレクション（省察）入門．学事出版

■5章

別惣淳二（2012）研究の目的—教員養成スタンダードによる教員の質保証の必要性と具体的取り組みの概要．別惣淳二・渡邊隆信（編著）教員養成スタンダードに基づく教員の質保証．ジアース教育新社
姫野完治（2013）学び続ける教師の養成—成長観の変容とライフヒストリー．大阪大学出版会
西園芳信(2010)教員養成カリキュラム改革の目的・内容・意義．鳴門教育大学特色GPプロジェクト（編著）教育実践の省察力をもつ教員の養成．協同出版

大関達也（2010）日本の学部での教員養成の新しい動向―兵庫教育大学を事例に．渡邉　満・カール・ノイマン（編著）日本とドイツの教師教育改革―未来のための教師をどう育てるか．東信堂
横浜市（2014a）はまっ子ふれあいスクールってどんなところ？
横浜市（2014b）放課後キッズクラブってどんなところ？
吉崎静夫（1997）デザイナーとしての教師 アクターとしての教師．金子書房

■6章

有村久春（2005）新任教師の心の健康．教職研修，**33**(7): 60-63
町支大祐（2013）教員の組織社会化に関わる研究の動向と展望．教育行政学論叢，**33**: 13-29
淵上克義（2007）学校組織の人間関係と教師の意欲．中谷素之（編著）学ぶ意欲を育てる人間関係づくり．金子書房，pp. 153-173
今津孝次郎（1979）教師の職業的社会化（1）．三重大学教育学部紀要．教育科学，**30**(4): 17-24
Jones, G.R. (1986) Socialization Tactics, Self-Efficacy, and Newcomers' Adjustments to Organizations. *The Academy of Management Journal*, **29**(2): 262-279
小島秀夫・篠原清夫（2012）教師の職業的社会化過程の研究―パネル調査の分析．茨城大学教育学部紀要．教育科学，**61**: 411-420
南本長穂（1995）児童・生徒への対処に見る教師の行動（1）―教師の職業的社会化へのパースペクティブ．愛媛大学教育学部紀要．教育科学，**41**(2): 1-19
小川憲彦（2010）社会化戦術と役割反応の関係における組織風土の調整効果に関する試論―「変革的組織風土」は変革志向の人材を生み出すか．経営行動科学学会年次大会：発表論文集，**13**: 331-336
柴野昌山（1992）社会化と社会統制．柴野昌山・菊池城司・竹内　洋（編）教育社会学．有斐閣，pp. 38-50
篠原清夫（1995）教員の満足感・一人前感の形成要因．学校教育研究，**10**: 131-145
Somech, A. & Bogler, R. (2002) Antecedents and Consequences of Teacher Organizational and Professional Commitment. *Educational Administration Quarterly*, **38**(4): 555-577
高橋弘司（1993）組織社会化研究をめぐる諸問題．経営行動科学，**8**(1): 1-22
高橋弘司（2002）組織社会化．宗方比佐子・渡辺直登（編著）キャリア発達の心理学．川島書店，pp. 31-54
竹内倫和・竹内規彦（2009）新規参入者の組織社会化メカニズムに関する実証的検討：入社前・入社後の組織適応要因．日本経営学会誌，**23**: 37-49
和井田節子（2012）新任教師の離職の背後にあるもの．季刊教育法，**175**: 28-31

■7章

藤江康彦（2006）授業をつくる．秋田喜代美・佐藤　学（編著）新しい時代の教職入門．有斐閣アルマ，pp. 19-44
金井壽宏（2002）仕事で「一皮むける」．光文社
教育調査研究所（2008）若手教師の悩みの実像．研究紀要，**88**: 17-46
丸野俊一（2005）授業の効果をあげる．高垣マユミ（編）授業デザインの最前線―理論と実践をつなぐ知のコラボレーション．北大路書房，pp. 123-157
小野田正利（2009）保護者と教師のコンフリクト．日本教育行政学会年報，**35**: 77-93
和井田節子（2012）新任教師の離職の背後にあるもの．季刊教育法，**175**: 28-31

■引用参考文献

山﨑準二（2002）教師のライフコース研究．創風社
吉崎静夫（1997）デザイナーとしての教師アクターとしての教師．金子書房

■8章
町支大祐・脇本健弘・讃井康智・中原　淳（2014）教員の人事異動と効力感に関する研究．東京大学大学院教育学研究科教育業績論叢，**34**: 143-153
金井壽宏（2002）仕事で「一皮」むける．光文社
加藤弘通・大久保智生（2001）問題行動と生徒文化の関係についての研究（3）―〈荒れている学校〉・〈落ち着いた学校〉の生徒は〈不良〉をどうみてるのか．日本教育心理学会総会発表論文集，**43**: 94
加藤弘通・大久保智生（2006）〈問題行動〉をする生徒および学校生活に対する生徒の評価と学級の荒れとの関係―〈困難学級〉と〈通常学級〉の比較から．教育心理学研究，**54**(1): 34-44
川上泰彦（2011）教育経営における「人事」の制度的機能―教員人事行政の制度運用と教員の動態に着目して．日本教育経営学会紀要，**53**: 60-74
川上泰彦（2013）公立学校の教員人事システム．学術出版会
川上泰彦・妹尾　渉（2011）教員の異動・研修が能力開発に及ぼす直接的・間接的経路についての考察．佐賀大学文化教育学部研究論文集，**16**(1): 1-20
岸野麻衣・無藤　隆（2006）教師としての専門性の向上における転機．教育心理学研究，**17**(3): 207-218
Kram, K. E. (1985) *Mentoring at work: Developmental relationship in organizational life.* University Press Of America.（訳）渡辺直登・伊藤知子（2003）メンタリング―会社の中の発達支援関係．白桃書房
久村恵子（2002）メンタリング．宗方比佐子・渡辺直登（編）キャリア発達の心理学．川島書店，pp. 127-154
松浦善満・中川　崇（1998）子供の新しい変化（「荒れ」）と教職に関する研究．若山大学教育学部教育実践研究指導センター紀要，**8**: 1-10
南本長穂（1984）若い教師の専門的技能の成長に果たす配置・転任の役割．日本教育経営学会紀要，**26**: 96-106
文部科学省（2013）教職員のメンタルヘルス対策について（最終まとめ）
無藤　隆・澤本和子・寺崎千秋（2001）崩壊を防ぐ学級づくり．ぎょうせい
中島一憲（2006）教師のうつ―臨床統計から見た現状と課題．発達，**106**: 2-10
大阪府教育委員会（2008）大阪府における大量退職・大量採用時代の教員育成の在り方．BERD，**14**: 24-28
山﨑準二（2002）教師のライフコース研究．創風社
山﨑準二（2012）教師の発達と力量形成．創風社

■9章
Feldman, D.C. (1994) Who's socializing whom? The impact of socializing newcomers on insiders, work groups, and organizations. *Human Resource Management Review*, **4**(3): 213-233
淵上克義（2005）学校組織の心理学．日本文化科学社
淵上克義（2009）スクールリーダーの心理と行動．淵上克義・佐藤博志・北神正行・熊谷愼之介（編）スクールリーダーの原点―学校組織を活かす教師の力．金子書房，pp. 47-69
古屋喜美代（2011）教師としての「壁」認識と成長の捉え方―若手・中堅・ベテラン教師における特徴．

日本教育心理学会総会発表論文集，**53**: 437
畑中大路（2013）学校経営におけるミドル論の変遷―「期待される役割」に着目して．九州大学大学院教育学コース院生論文集飛梅論集，**13**: 87-101
金井壽宏（1998）リーダーとマネジャー―リーダーシップの持論（素朴理論）と規範の探求．國民經濟雜誌，**177**(4): 65-78
加藤弘通・大久保智生（2001）問題行動と生徒文化の関係についての研究（3）―〈荒れている学校〉・〈落ち着いた学校〉の生徒は〈不良〉をどうみてるのか．日本教育心理学会総会発表論文集，**43**: 94
加藤弘通・大久保智生（2006）〈問題行動〉をする生徒および学校生活に対する生徒の評価と学級の荒れとの関係―〈困難学級〉と〈通常学級〉の比較から．教育心理学研究，**54**(1): 34-44
川村　光（2003）教師の中堅期の危機に関する研究―ある教師のライフヒストリーに注目して．大阪大学教育学年報，**8**: 179-190
Kram, K. E. (1985) *Mentoring at work: Developmental relationship in organizational life.* University Press Of America.（訳）渡辺直登・伊藤知子（2003）メンタリング―会社の中の発達支援関係．白桃書房
熊谷愼之輔（2009）成人学習論とスクールリーダーの職能発達．淵上克義（編）スクールリーダーの原点．金子書房，pp. 33-46
久村恵子（2002）メンタリング．宗方比佐子・渡辺直登（編）キャリア発達の心理学．川島書店，pp. 127-154
紅林伸幸（1999）教師のライフサイクルにおける危機―中堅教師の苦悩．油布佐和子（編）教師の現在・教職の未来―あすの教師像を模索する．教育出版，pp. 32-50
文部科学省（1999）養成と採用・研修との連携の円滑化について（第3次答申）
文部科学省（2004）学校の組織運営の在り方について（作業部会まとめ）（3）②
長瀬惣一（2001）学校ミドルリーダー―その役割と心得．図書文化社
織田泰幸（2003）学校経営におけるミドル・アップダウン・マネジメントに関する一考察．中国四国教育学会研究紀要，**49**(1): 313-318
柴田幸穂（2007）学校におけるマネジメント―公立高校における実践的取り組み．経営教育研究，**10**: 99-119
山﨑準二（2012）教師の発達と力量形成．創風社
山﨑準二・紅林伸幸（2000）教師の力量形成に関する調査研究（IV）―第4回目（1999）調査結果の分析報告．静岡大学教育学部研究報告．人文・社会科学篇，**51**: 1-32
横浜市教育委員会（2011）「教師力」向上の鍵―「メンターチーム」が教師を育てる，学校を変える！．時事通信社

■10章

秋田喜代美（2000）メンタリング．森　敏昭・秋田喜代美（編）教育評価―重要用語300の基礎知識．明治図書，p. 235
浅田　匡（2007）幼稚園教育実習におけるメンタリングの機能に関する研究．教育心理学年報，**46**: 156-165
Baker-Doyle, K. J. (2011) *The Networked Teacher: How New Teachers Build Social Networks for Professional Support.* New York: Economic Policy Institute and Teachers College
Darling-Hammond, L. (2003) Keeping Good Teachers: Why It Matters What Leaders Can Do. *Education Leadership*, **60**(8): 7-13
Davis, B. & Higdon, K. (2008) The Effects Of Mentoring/Induction Support on Beginning Teach-

引用参考文献

ers. *Journal of Research in Childhood Education*, **22**(3): 261-274
八田玄二（2000）反省的実践授業―リフレクティブ・アプローチによる英語教師の養成．金星堂
林なおみ・生田孝至（2002）対話リフレクションにおける対話者のメンター的機能の研究．日本教育工学会大会講演論文集，**19**(2): 817-818
Higgins, M. C. & Kram, K. E. (2001) Reconceptualizing Mentoring at Work: A Developmental Network Perspective. *Academy of Management Review*, **26**(2): 264-288
Hobson, A. J., Ashby, P., Malderez, A. & Tomlinson, P. (2009) Mentoring Beginning Teachers: What We Know and What We Don't. *Teaching and Teacher Education*, **25**(1): 207-216
Huling, L. & Resta, V. (2001) *Teacher mentoring as professional development. ERIC Digests*. Washington, D.C.: ERIC Clearinghouse on Teaching and Teacher Education
Ingersoll, R. M. (2001) Teacher Turnover and Teacher Shortages: An Organizational Analysis. *American Educational Research Journal*, **38**(3): 499-534
岩川直樹（1994）教職におけるメンタリング．稲垣忠彦・久冨善之（編），日本の教師文化．東京大学出版会，pp. 97-107
Johnson, S., Berg, J. & Donaldson, M. (2005) *Who Stays in Teaching and Why? : A Review of the Literature on Teacher Retention*. The Project on the Next Generation of Teachers: Harvard Graduate School of Education
神奈川県立総合教育センター（2007）学校内人材育成（OJT）実践のためのハンドブック
Kram, K. E. (1985) *Mentoring at work: Developmental relationship in organizational life*. University Press Of America.（訳）渡辺直登・伊藤知子（2003）メンタリング―会社の中の発達支援関係．白桃書房
久村恵子（1997）メンタリングの概念と効果に関する考察―文献レビューを通じて．経営行動科学，**11**(2): 81-100
McIntyre, D. & Hagger, H. (1996) *Mentors in Schools: Developing The Profession of Teaching*. David Fulton Publishers
Molner-Kelly, L. (2004) Why Induction Matters. *Journal of Teacher Education*, **55**: 438-448
中川恵理子（2006）米国の世代間メンタリング・プログラムにおける相互支援と評価―問題を抱える若者への包括的支援にみるケアと学びの連関．生涯学習・社会教育学研究，**31**: 93-104
野田敏孝（2011）指導教員のための初任者研修ガイドブック―準備と進め方のポイント．北大路書房
小野公一（2003）キャリア発達におけるメンターの役割―看護師のキャリア発達を中心に．白桃書房
大阪府教育委員会（2008）次世代の教職員を育てる「OJTのすすめ」―学校で育てるために
Pelletier, C. (2005) *Mentoring In Action: A Month-By-Month Curriculum For Mentors And Their New Teachers*. Allyn & Bacon
Portner, H. (2005) *Teacher Mentoring And Induction: The State Of The Art And Beyond*. Corwin Pr
Rhodes, C., Stokes, M. & Hampton, G. (2004) *A Practical Guide to Mentoring, Coaching and Peer-networking*. Falmer Pr
佐藤　学（1997）教師というアポリア．世織書房
妹尾鮎美・三木明子（2012）看護師におけるメンタリング機能尺度の開発と信頼性・因子的妥当性の検証．日本看護研究学会雑誌，**35**(2): 55-61
Stanulis, R. N. & Floden, R. E. (2009) Intensive Mentoring as A Way to Help Beginning Teachers Develop Balanced Instruction. *Journal of Teacher Education*, **60**(2): 112-122
Strong, M. (2009) *Effective Teacher Induction and Mentoring. Assessing the Evidence*. Teacher College Press
高倉　翔・八尾坂修（2005）企画・立案・運営に役立つ初任者研修マニュアル．ぎょうせい

渡辺かよ子（2009）メンタリングプログラム―地域・企業・学校の連携による次世代育成．川島書店
八尾坂　修（2006）指導教員のための初任者研修の進め方．読本シリーズ No. 169．教育開発研究所
横浜市教育委員会（2011）「教師力」向上の鍵―「メンターチーム」が教師を育てる，学校を変える！．時事通信社
米沢　崇（2011）校内指導教員の指導・支援が初任者の力量形成に及ぼす影響―教職経験年数2～3年目の若手教員を対象とした調査の結果から．日本教師教育学会年報，**20**: 88-98
Yusko, B. & Feiman-Nemser, S. (2008) Embracing Contraries: Combining Assistance and Assessment in New Teacher Induction. *Teachers College Record*, **110**(5): 923-929

■ 11 章

明石要一・保坂　亨（2011）初任者教員の悩みに答える―先輩教員からの 47 のアドバイス．教育評論社
Bruner, J. (1986) *Actual Minds, Possible Worlds*. Cambridge, MA: Harvard University Press
Bruner, J. (1996) *The Culture of Education*. Cambridge, MA: Harvard University Press
岩川直樹（1994）教職におけるメンタリング．稲垣忠彦・久冨義之（編）日本の教師文化．東京大学出版会，pp. 97-107
松尾　睦（2011）「経験学習」入門．ダイヤモンド社
中原　淳（2010）職場学習論―仕事の学びを科学する．東京大学出版会
Orr, J. (1996) *Talking about machines*. New York: Cornell University Press
Schein, H. E. (2009) *Helping: How to Offer, Give, and Receive Help*. Berrett-Koehler Pub.（訳）金井真弓（2009）人を助けるとはどういうことか―本当の協力関係をつくる 7 つの原則．英治出版
脇本健弘・町支大祐・讃井康智・中原　淳（2014）若手教師を対象とした組織的なメンタリングの効果的手法に関する実証的研究―小学校教師に着目して．青山インフォーメーション・サイエンス，**41**(1): 4-13

■ 12 章

町支大祐・脇本健弘・讃井康智・中原　淳（2013）校内メンタリングにおける管理職の参加に関する分析―メンターチームを題材として．青山インフォーメーション・サイエンス，**41**(1): 14-21
福島県教育センター（1976）現職研修に関する調査―校長の指導助言を中心として．福島県教育センター紀要，**26**: A1-A24
石川治久・河村美穂（2002）中堅教師のメンタリング．教育方法学研究，**27**: 91-101
岩川直樹（1994）教職におけるメンタリング．稲垣忠彦・久冨善之（編著）日本の教師文化．東京大学出版会，pp. 97-107
Levinson, D.T. (1978) *The Seasons of Man's Life*. The Sterling Lord Agency, Inc.（訳）南　博（1992）ライフサイクルの心理学（上）（下）．講談社
大久保了平（1989）管理職の力量と指導体制の確立―学校運営と学習指導に関連して．日本教育経営学会紀要，**31**: 12-21
高野桂一（1964）校長の指導助言過程．明治図書出版
富久國男（2008）教師の力量形成を支援する校長の指導助言機能の研究．風間書房
露口健司（2008）学校組織のリーダーシップ．大学教育出版

引用参考文献

■13章

Feldman, D.C. (1994) Who's socializing whom? The impact of socializing newcomers on insiders, work groups, and organizations. *Human Resource Management Review*, **4**(3): 213-233

Huling, L. & Resta, V. (2001). *Teacher mentoring as professional development*. ERIC Digests

岩川直樹(1994)教職におけるメンタリング.稲垣忠彦・久冨義之(編)日本の教師文化.東京大学出版会,pp. 97-107

脇本健弘・町支大祐・讃井康智・中原　淳(2013)組織的なメンタリングと職場環境の関係―若手教師の変容に着目して.日本教師教育学会第23回研究大会,90-91

■14章

有村久春(2005)新任教師の心の健康.教職研修,**33**(7): 60-63

Hargreaves, A. (1994) *Changing Teachers, Changing Times: Teachers' Work and Culture in the Postmodern Age*. Teachers College Press

今津孝次郎(1979)教師の職業的社会化(1).三重大学教育学部紀要.教育科学,**30**(4): 17-24

Kolb, D.A. (1984) *Experiential learning: experience as the source of learning and development*. Englewood Cliffs, NJ: Prentice Hall

Schön, D. A. (1983) *The Reflective Practitioner: How Professionals Think in Action*. NY: Basic Books. (訳)佐藤　学・秋田喜代美(2001)専門家の知恵―反省的実践家は行為しながら考える.ゆみる出版

和井田節子(2012)新任教師の離職の背後にあるもの.季刊教育法,**175**: 28-31

横浜市教育委員会(2011)「教師力」向上の鍵―「メンターチーム」が教師を育てる,学校を変える!.時事通信社

■15章

Burke, W. (1982) *Organization Development: Principles and Practices*. Little Brown & Co

中原　淳(2015) HRDとOD.日本労働研究雑誌.**657**: 48-49

■16章

愛知県教育委員会(2012)愛知県における大学と教育委員会の連携.教育委員会月報,**64**(4): 56-59

古田善伯・石川英志・加藤直樹・宮島康広(2006)教育委員会と大学の連携協力による課題探究型研修カリキュラムの開発―10年経験者研修モデルカリキュラム開発プログラムの構想.教師教育研究,**2**: 29-36

森　勇示(2004)教員養成における教育委員会と大学の連携―愛知教育大学における保健体育科の「10年経験者研修」.愛知教育大学保健体育講座研究紀要,**29**: 31-42

中原　淳(2010)職場学習論―仕事の学びを科学する.東京大学出版会

篠原清昭(2012)大学と教育委員会・地域との連携による養成・研修行政の方策―教師教育制度の溶解と再編化.日本教育行政学会年報,**38**: 124-127

横浜市教育委員会(2011)「教師力」向上の鍵―「メンターチーム」が教師を育てる,学校を変える!.時事通信社

索　引

【A ～ Z】

ALACT モデル　50, 51, 53
Bruner, J.　144
Feldman, D. C.　122, 181
Kolb, D. A.　50, 53, 185
Korthagen, F. A. J.　50, 53
Lesson Study　28
Likert, R.　196
Schön, D. A.　47, 184

【あ】

アクションリサーチ　195
荒れ　107, 109

異動　103-106, 110-113, 171, 172, 175, 176, 187
異動は最大の研修である　103

オーナーシップ　197, 200, 206, 209, 211, 213

【か】

課業的側面　44, 86-88
学校ボランティア　65
カテゴリー的思考　144
管理職　100, 101, 124-126, 157-162, 164, 166, 167, 187, 188, 190, 191
技術的熟達者　20
キャリア意識　36, 38, 52, 53, 56, 57, 62, 124, 125, 127, 185, 187
キャリアの早回し　188, 209, 213
教育実習　63
教員養成　64, 65
教員養成課程　63, 64
教員養成系学部　64
教師
　　──のコミットメント（愛着と同一視）研究　80
　　──の社会化　82
　　──の社会化研究　81
　　──の大量退職　2
　　──の多忙化　4, 6, 7, 10, 145, 148, 190
　　──の多忙感　6
　　──の適応　81
教師効力感　55, 56, 105, 108, 179, 186, 187
　　──（学級経営）　36, 37, 55, 56, 104, 179-181
　　──（校務分掌）　36, 38, 105
　　──（授業）　36, 37, 55, 71-74, 76, 104, 179-181
　　──（保護者）　36, 37, 105
教師塾　12, 66
教職課程　63, 64, 185
教職への適応　186
共同探究的なスタンス　166
協働性　42, 52, 53, 56, 59, 61, 62, 171-175, 185, 191

具体的観察　43
具体的経験　48-52, 55, 62, 185

経験学習　30, 36, 42, 48-50, 52, 53, 55, 56, 59, 60, 62, 144, 149, 179, 184, 185, 190, 194
　　──モデル　48, 50-52, 56, 62, 185
　　──理論　48, 50, 52, 53, 62, 183, 184
経験10年以上の先輩教師の参加　152, 190
経験談　144
傾聴　41, 172, 175, 176
研究と実践の生態系　196

行為　50
　　──の選択肢の拡大　50, 51
　　──の振り返り　50, 51
向社会的行動　80
校長　101, 125, 158
校長研究　158
行動科学アプローチ　17

索 引

後輩
　——との関わり　36, 42
　——の話を聞く　191
　——への関わり（情緒面）　42, 179
　——への関わり（職務面）　42, 179
　——への情報提供　41, 172, 175, 176, 191
試み　50, 51
子ども集団に対応することの困難　94
困難　91-96, 102, 186, 188
困難（な）経験　36, 41, 91, 186
困難を乗り越えた経験　95

【さ】
サーベイフィードバック　196, 197, 201, 209, 211-213
参加者主体　40, 172, 173, 175, 176, 180, 191

仕事指向　45, 123-125
実践知　144, 184
実践的知識　19, 20, 62
指導助言　158
社会化施策　36, 44, 86
社会的支援　44, 86, 87
社会的社会化施策　84
自由な発言環境　40, 172, 175, 176, 180, 191
授業
　——研究　2, 7, 27-29, 47, 185, 192
　——に関する困難　94
主任　116-119
循環モデル　53, 55, 56, 185
情緒的サポート　179, 180
情報提供　176
職業的社会化　22, 81, 84, 85, 89
職業的社会化研究　186
職能発達モデル　23
職場環境　36, 41
職務探索行動　84
職務満足　37, 45, 86-89
職務面でのサポート　179
自律的活動　146, 152, 153, 190, 210

自律的にメンターチームの活動を行う　156
人材育成フォーラム　198, 204, 206

先輩からの情報提供　172, 173, 176
先輩教師
　——からの情報提供　175, 180, 191
　——による情報提供　40, 180
　——の経験談　143-147, 153, 154, 156, 190
　——の経験談の共有　153
専門性　42, 52, 53, 56, 59, 61, 62, 171-173, 185, 191

相互作用分析　17
創造性　42
組織社会化　36, 43, 71, 72, 76, 77, 81, 84-86, 89, 186
組織の側面　44, 86-88
組織的なメンタリング　32, 190, 191, 193

【た】
大規模介入法　198
大量採用　2
多国籍化　8

中堅教師　115, 116, 158
抽象的概念化　43, 48, 49, 51, 52, 55-57, 59, 62, 185, 190
直線モデル　53, 185

定型的熟達者　20
適応的熟達者　20, 22, 28, 30, 184

道具的サポート　179, 180
同僚性　26, 27, 29, 31, 192, 194
特別支援教育　7, 8
特別支援教育支援員　65

【な】
内省的観察　43, 48, 49, 51, 52, 55, 57, 59, 62, 185, 190
内容的社会化施策　84
斜め上の先輩　99

ナラティブ的思考 144

人間指向 45, 123-125

ネットワーク指向 45, 123, 124

能動的実験 43, 48, 49, 52, 55, 56, 185
乗り越えた経験 91, 92

【は】
バーンアウト 36, 39
　——（情緒的消耗感）39, 104, 105
　——（達成感の後退）39
初めての異動 104, 105, 112
反省的思考 48
反省的実践家 30, 47, 48, 184

一皮むける経験 91

フィードバック 196-200

ベテラン教師 159, 169, 170

保護者 9
保護者対応 97, 101, 102, 186
本質的な諸相への気付き 50, 51

【ま】
マネージャー 116

ミドル 115, 116, 188, 198, 212
ミドルマネージャー 116
ミドルリーダー 116, 119, 124, 158, 197

明示的役割 44, 86, 87
メンター 99, 122, 125, 140, 158, 164, 171, 174-177, 179-181, 191
メンターチーム 13, 32, 39, 129, 138-141, 143, 144, 146, 148-157, 159, 161, 169-171, 173-176, 180, 190-193, 197, 207, 208, 211, 212
　——（過去の活動）36, 40

　——（現在の活動）36, 40
　効果的な—— 143
　——の活動形式 138
　——の効果的な方法 191
　——の参加者 140
メンタリング 32, 99, 129, 140, 145, 169, 170, 176-179, 181, 191
メンティ 122, 125, 141, 157, 164, 171, 175, 179, 180, 181, 191
メンティからメンターへの移行 169, 191, 212

【や・ら】
養成と研修の一体化 213

ライフコース 117
ライフコース研究 26, 27, 93, 106
ライフサイクル研究 24

リアリスティック・アプローチ 50
リアリティショック 77, 93
リーダー 116
　——経験 37, 45, 118-123, 187, 188
　——の若年齢化 118
リフレクション 184, 197-199
理論と実践の往還 64

ロールモデル 124

【わ】
ワークショップ 197-200, 204
若手教師が話せる 144, 146, 149, 150, 153, 156, 190

あとがき

　本書の共同研究の企画が始まったのは今からおよそ5年ほど前で，当時私は東京大学中原研究室の大学院生でした。本書の監修者である中原淳先生から，横浜市教育委員会と共同研究を始めることになり，共同研究に参加する院生を募集していることを聞き，教師のメンタリング研究をしている私は，真っ先に参加を申し出たことを今でも思い出します。共同研究では，横浜市のメンターチームや若手教師の現状など，現在の教師をめぐる様々な知見を明らかにすることができました。

　本書は，私にとって博士論文を提出後の最初の著作となります。博士課程で取り組んだメンタリング研究は，1対1のメンタリングを対象にしたものでしたが，本書は，現在の日本の学校状況を鑑み，そこからさらに発展して複数人で組織的に行うメンタリングを対象にしています（第1章，第2章，第10章の先行研究レビューの一部分は，博士論文を参考に執筆しています）。本書にいたる前のこれまでの研究を振り返ると，私は修士，博士課程と続けて，教師のメンタリング研究を続けてきました。特に，院生時代はコンピュータを活用した教師のメンタリング支援を行ってきました。そのような道に進んだのは，学部時代にコンピュータを学び，この技術を教育に生かしたいと考えたことによります。特に，学部時代に教員免許を取得したこともあり，コンピュータを用いた教師の支援に着手しました。タブレット端末用のソフトを開発し，授業に関するメンタリングを支援するというものです。開発当時は，タブレット端末はメジャーなものではなく，iPadなどもありませんでした。そして，タブレット端末のサイズも今と比べて大きいものでした（当時実践にご協力いただいた先生は，利用したタブレット端末をお弁当箱と表現されていました）。院生時代において，様々な学校でシステムを活用していただき，学校現場に関われたことは，私の研究者人生のその後を大きく左右することとなります。現場に行かなければ現場のことはわからない，現場と関わりながら，現状をふまえ，現場の貢献に資する研究を行うことが重要だと，それが自分の研究者としての使命であるというように考えるようになりました。院生時代の研究を通して，様々

あとがき

な授業を見学し，そして時には研究から離れ，支援員として，実際に学校の先生方と働きました。理論と実践の往還が大事だと言われますが，私自身も院生時代はその点を意識して，研究者の視点，そして，現場の視点，両方を行き来しながら現場に関わり，研究を進めてきました。そのような中で，首都圏の学校ではいくつもの課題を抱えていることを目の当たりにしてきました。若手の先生が多く，それはある意味フレッシュで活動的でよい面もあるものの，どのように授業を進めていけばよいのかわからない，学級経営がうまくいかない，保護者とどのように関わればよいのかわからない，などというように，多くの先生が悩みを抱え，他者に相談することもままならないまま，1人で何とか解決しようと奮闘しているようすを見てきました。これまで私は1対1のメンタリングの支援を行ってきましたが，それはこのような状況では必ずしも効果的ではありませんでした。そのような問題意識をもっていたタイミングで，横浜市教育委員会との話を中原先生から聞き，現在にいたります。

　本書の知見により，学校組織の観点から，若手教師をどのように支援すべきなのか，自分なりにその方法を示すことができたのではないかと考えています。もちろん，拙い分析や論理展開，説明が不足している箇所など，いたらぬ点は多々あり，ご批判をいただくこともあろうかと思います。それらは真摯に受け止め，今後よりよい研究ができるように精進していきます。メンタリング研究，若手教師支援研究はこれで終わりではなく，これからさらに次のステップに進んでいきます。

　本書は多くの方々のご支援を受けております。最後に，謝辞を述べさせていただきたいと思います。

　まずは，横浜市教育委員会の皆様方に感謝をいたします。横浜市教育委員会との共同研究は，私にとって，単に共同研究をするということだけではなく，教育委員会というところがどのようなところなのか，どのように学校現場と関わっていくのか学ぶ機会となり，これまで学校現場しか知らなかった私にとって貴重な機会となりました。また，3年間にも及ぶ調査項目の作成に関しまして，毎回丁寧なコメントをいただき，また，大量の質問紙の処理をしていただき，どうもありがとうございました。

　また，横浜市の先生方にもお礼を申し上げます。お忙しい中メンターチーム

を見学させていただき，また，インタビューにも応じていただき，ありがとうございました。学校により様々なメンターチームがあり，それぞれの学校が非常に参考になるものでしたが，紙面の関係もあり，すべての学校を紹介させていただくことはできませんでした。しかし，調査を行うにあたり大変参考にさせていただいております。

　北大路書房の皆様には大変お世話になりました。筆の遅い筆者たちに叱咤激励をしていただき，そして，最後の最後まで様々な面でご尽力いただき，どうもありがとうございました。おかげさまで本書を出版することができました。本当に感謝いたします。

　本共同研究の期間は，私の人生にとっても変化が大きいものでした。博士課程の満期退学，大学への就職，博士論文の提出，博士号の取得，大学の異動など，研究者の初期のキャリアとして重要な出来事が立て続けに起きました。その間私を支えてくださった大学院の仲間や職場の上司，同僚や職員の方々など，多くの方々に感謝いたします。また，プライベートでは結婚もありました。妻には本書の執筆にあたり，日々はもちろんのこと，長期の休日において一緒に過ごす時間の中でも執筆を続ける私に配慮をしていただき，本当に感謝をしています。

　最後に，本書が，少しでも学校の先生方のお役に立てれば幸いです。これからも学校現場に寄与できる研究を続けていきます。

2015年3月17日
東京大学駒場キャンパスにて
脇本健弘

　「教育は人なり」という言葉があります。私が教壇に立っていた頃から今にいたるまで，この言葉の意味に向き合ってきたように思います。近年，様々な教育方法が提唱・導入されていますが，どのような形で教育が行われようと

あとがき

　も，最終的に，教員が教育の成否に大きな影響力をもつという点は変わらないと思います。だからこそ，自分がどういう教員になりたいのか，そして，そのためには何を行っていけばいいのか，ということを考え続けてきました。「あの人みたいになりたい…」，「いや，あの人と自分は違う。ならば私はどんな教師になれるのか…」。かつて，自分事として捉えていた問いは，教職を離れた後，研究の問いへとつながっていきました。「力のある教師とはどんな教師なのか」「そういった教師が増えるにはどうしたらいいのだろうか」。この本は，これらの問いの延長線上にあります。もちろん，この本が十分な答えになったとは思っていません。もっと違った形，もっと違った見方をしたほうがよかった部分は大いにあると思います。さらに言えば，先行研究のレビュー不足，分析としていたらない部分，あるいは論理の飛躍など，様々な点でお叱りを受けることになるかと思います。とはいえ，これまで問い続けてきたことを現段階において書籍という形にまとめることができたのは，自分にとって本当に幸せなことだと感じています。

　思い返せば，たくさんの方に支えていただいて，刊行までたどり着くことができました。当プロジェクトに最初に縁をつないでくださった讃井康智さん，研究方法等で相談にのっていただいた先生方・先輩方，ここまでの執筆に伴走いただいた北大路書房の奥野浩之さんには感謝してもしきれません。

　また，教育委員会の方々からは，調査や研修等にあたって様々にご指導をいただきました。もともと横浜市の教員であったこともあって，初めて教育委員会の方々とお話ししたときは，かなり緊張していたのを覚えています。その後，色々な場面で協働させていただく中で，（私が偉そうに言うのはなんですが）教員の学びの場をつくるために力を尽くし，奮闘している方々がたくさんいらっしゃることを知りました。第16章にも書きましたが，学校，教育委員会，研究機関とがいかにして協力して，つまり，お互いを尊重しながら新たな関係を紡いでいくことは今後も重要な意味をもってくると思われます。今回のプロジェクトを通じて，そのことを改めて勉強させていただいたように思います。ありがとうございました。

　そして，最後に，私事ですが，この場で家族への感謝を伝えさせてください。
　私は「自分のやりたいこと」に従って，我が儘な道を歩んできたと思います。

あとがき

　大学4年も終わりに近づいた頃,「自分の人生は何のためにあるのか」ということを急に深く考えるようになり, この国や社会の礎を築く仕事に関わりたいと思うにいたりました。それまでまったく関わりのなかった教育の道, 特に, その現場に飛び込んでみたいと思うようになりました。そして今度は, その学校現場で感じた問いを深く追求し, 新たな仕組みにつなげられるような仕事がしたいと考えるようになりました。そういったそれぞれのキャリアの転機において, いつも, 家族が後押しをしてくれたように思います。周囲からはフラフラしたキャリアを歩んでいるように思われ, なかなか理解されない中, 最初に背中を押してくれたのは父でした。今, 自分自身の手で父にこの本を見せることはかないませんが, いつか, あの世で, 酒を飲みながら, 自分の人生について語り合うことができたときには, 私自身が初めて大きく関わったこの本ついて話せるんじゃないかと思っています。

　また, ここ数年, このプロジェクトに関わるようになってからは, 妻に多大な心配をかけたと思っています。公務員の道を離れ, 経済的にも負担をかけました。娘が生まれてからも, 何かと帰りが遅く, 家事育児を押しつけてしまっていた時期もあったと思います。そのような状況にあって, 自分自身が研究者としてやっていけるかどうか不安になったときにも,「まぁ, いつか形になればいいんじゃない？」と自分の何十倍も大きな懐でどっしりと構えて受け止めてくれたことが, どれだけ自分を救ってくれたかわかりません。あなたがいなければ, この本を書くことはおろか, 安心して研究に励むことすらできなかったかもしれない, そう思うときがあります。ふだん, なかなか真剣に言うことはできませんが, 一緒にいてくれたことに本当に感謝しています。博士論文という大きな宿題を残し, 立場としてもまだまだ不安定で, 今後も心配をかけることも多いと思いますが, これからも, ともに歩んでいきたいと心から思っています。よろしくお願いします。

2015年4月3日
町支大祐

監修者・著者紹介

〔監修者〕

中原　淳（なかはら・じゅん）
- 1975 年　　北海道に生まれる
- 1998 年　　東京大学教育学部卒業
- 2001 年　　大阪大学大学院人間科学研究科博士課程中退
- 2003 年　　大阪大学博士（人間科学）
- 現　在　　立教大学経営学部教授

［主著・論文］
- 『職場学習論』　東京大学出版会　2010 年
- 『経営学習論』　東京大学出版会　2012 年
- 『人事よ，ススメ！』（編著）　碩学舎　2015 年

〔著　者〕

脇本健弘（わきもと・たけひろ）
- 1984 年　　福井県に生まれる
- 2014 年　　東京大学大学院学際情報学府博士課程修了
- 現　在　　横浜国立大学教育学研究科高度教職実践専攻准教授
  　　　　　　東京大学博士（学際情報学）

［主著・論文］
- 『職場学習の探求』（共著）　日本生産性本部　2012 年
- 『21世紀型スキル―学びと評価の新たなかたち』（共著・翻訳）　北大路書房　2014 年
- 「初任教師メンタリング支援システム FRICA の開発」日本教育工学会論文誌，33(3): 209-218　2010 年
- 「初任教師が感じる課題に焦点化したメンタリングを支援するシステムの開発と評価」教育システム情報学会論文誌，30(2): 160-171　2013 年

町支大祐（ちょうし・だいすけ）
- 1980 年　　広島県に生まれる
- 2007 年　　横浜市立中学校教諭
- 2017 年　　東京大学大学院教育学研究科博士課程単位取得満期退学
- 現　在　　帝京大学大学院教職研究科専任講師
  　　　　　　東京大学修士（教育学）

［主著・論文］
- 『新・教職入門 改訂版』（分担執筆）　学文社　2020 年
- 『データから考える教師の働き方入門』（共著）　毎日新聞出版社　2019 年
- 「中学校教員の異動後の困難に関する研究―初めての異動に着目して」教師学研究，22: 37-45　2019 年
- 「教員の組織社会化に関わる研究の動向と展望」教育行政学論叢，33: 13-30　2013 年

教師の学びを科学する
——データから見える若手の育成と熟達のモデル——

2015年5月20日　初版第1刷発行　　定価はカバーに表示してあります。
2020年6月20日　初版第3刷発行

　　　監修者　中　原　　　淳
　　　著　者　脇　本　健　弘
　　　　　　　町　支　大　祐
　　　発行所　㈱北大路書房
　　　　　〒603-8303　京都市北区紫野十二坊町12-8
　　　　　　　　　電　話　(075) 431-0361㈹
　　　　　　　　　ＦＡＸ　(075) 431-9393
　　　　　　　　　振　替　01050-4-2083

©2015　　　　　　　　　　　　印刷・製本　亜細亜印刷㈱
　　　　　　　　　　検印省略　落丁・乱丁本はお取り替えいたします。
　　　　　　　　　　　　　ISBN 978-4-7628-2897-3　　Printed in Japan

・ JCOPY 〈㈳出版者著作権管理機構 委託出版物〉
本書の無断複写は著作権法上での例外を除き禁じられています。
複写される場合は，そのつど事前に，㈳出版者著作権管理機構
(電話 03-5244-5088, FAX 03-5244-5089, e-mail: info@jcopy.or.jp)
の許諾を得てください。

北大路書房 関連図書

21世紀型スキル
学びと評価の新たなかたち

P・グリフィン、B・マクゴー、E・ケア 編
三宅なほみ 監訳 益川弘如、望月俊男 編訳

ISBN978-4-7628-2857-7
A5判 288頁 本体2700円+税

生涯に渡る学習や自らの賢さを育て続ける力の育成が希求され、その教育と評価を考える国際プロジェクトが進行している。本書は、創造性、批判的思考、メタ認知、コミュニケーション、コラボレーション、ICTリテラシー等の4カテゴリー、10スキルについて詳説。日本でどう取り組んでいくべきかの書き下ろし2章を付加。

研修設計マニュアル
人材育成のためのインストラクショナルデザイン

鈴木克明 著

ISBN978-4-7628-2894-2
A5判 304頁 本体2700円+税

効果的で、効率的で、魅力的な研修とは?「教えない」研修とは? 目標達成のための「最終手段」と研修を位置づけ、学んだことがわからないままに終わってしまう事態からの脱皮を図る。何をどう教える(学ぶ)かだけでなく、なぜ教える(学ぶ)必要があるのかを徹底的に問い、業務直結型で組織に貢献できる研修設計をめざす。

授業設計マニュアル Ver.2
教師のためのインストラクショナルデザイン

稲垣 忠、鈴木克明 編著

ISBN978-4-7628-2883-6
A5判 212頁 本体2200円+税

目標の設定、教材分析、指導案の書き方から評価の仕方まで、一連のプロセスを「授業パッケージ」とし、「よい授業」をするための必須を解説。巻末の2種類のワークシートで実践的に授業の質を高められるように編集。21世紀型スキル、自ら学ぶ意欲、協同学習、反転授業など、近年の動向にも対応させた改訂新版。